製造業の3D革命

ファストデジタルツインで加速する

DX最前線

石油・化学メーカー編

JN100065

技術評論社

はじめに

産業界の歩みは、過去の変遷と現在の挑戦を通じて、未来への可能性を切り拓いている。第二次産業は現在に至るまで、その都度、技術の進化や社会の変化に合わせた新しい課題に対峙し、幾多の困難を乗り越えてきた。本書は、この歩みの中で特に石油化学工業に焦点を当て、著者自身が経験したさまざまな局面から得られた洞察を通じて、産業の現在と未来に光を当てるものである。

プラントエンジニアリングにおける著者の四半世紀におよぶキャリアの中で、最も突き動かされたのは、大規模なプラント設備の維持管理の難しさであった。プロジェクト遂行や設計・施工技術の進化が注目される一方で、設備を適切に維持し、最適な状態でパフォーマンスを出し続けられる健全性を担保することが従来の方法では容易ではない。特に安全性や効率性の向上が求められる状況下で、新しいアプローチが必須であることを痛感したのである。

この気付きから、著者は新たな解決策を追求する中で「ＩＮＴＥＧＮＡＮＣＥ（インテグナンス、Integrated Maintenance の造語）」構想を描き、その具現化のためにブラウンリバース株式会社を設立した。ＩＮＴＥＧＮＡＮＣＥは、統合型スマート保全プログラムとして、設備の状態をデジタルツインで仮想化し、効果的な保全戦略を策定するための環境を提供する。これは、重厚長大な設備を保全する産業界に向けて、新たな時代を切り拓くために生まれたプログラムであり、著者のキャリアで培った経験や知識を結集した仮説と実現したいあるべき姿なのである。

本書を執筆するに至ったのは、産業界における課題や変革の必要性の認識を揃えた上で、これからの挑戦にどう向き合い、どのように進化していくのかを共有したい、考えを同じくする人とつながりたい、つなげたいという想いからだ。したがい、製造業の設備保全や操業に従事している方や、DXを推進する方、しいては事業の持続性を課題としている方々を読者として想定している。

本書は、第二次産業からの変革の歴史、石油化学工業における課題、そして新しい時代を切り拓くためのアプローチに焦点を当て、実務者から見ても違和感なく将来展望や未来への期待を感じていただけるように、著者から見える景色を地に足を付けて書き下した。読者の皆様と産業界の未来を共に考え、本書をきっかけに志を同じくする者がつながり、日本の製造業を強くする、元気にする一助となれば幸いである。

日揮グループ ブラウンリバース株式会社代表取締役 CEO
金丸 剛久

製造業の3D革命

ファストデジタルツインで加速するDX最前線

石油・化学メーカー編

TABLE OF CONTENTS

第2章 日本の製造業とDX

第5章

第1章

第二次産業は、高度経済成長期から何が変わったのか

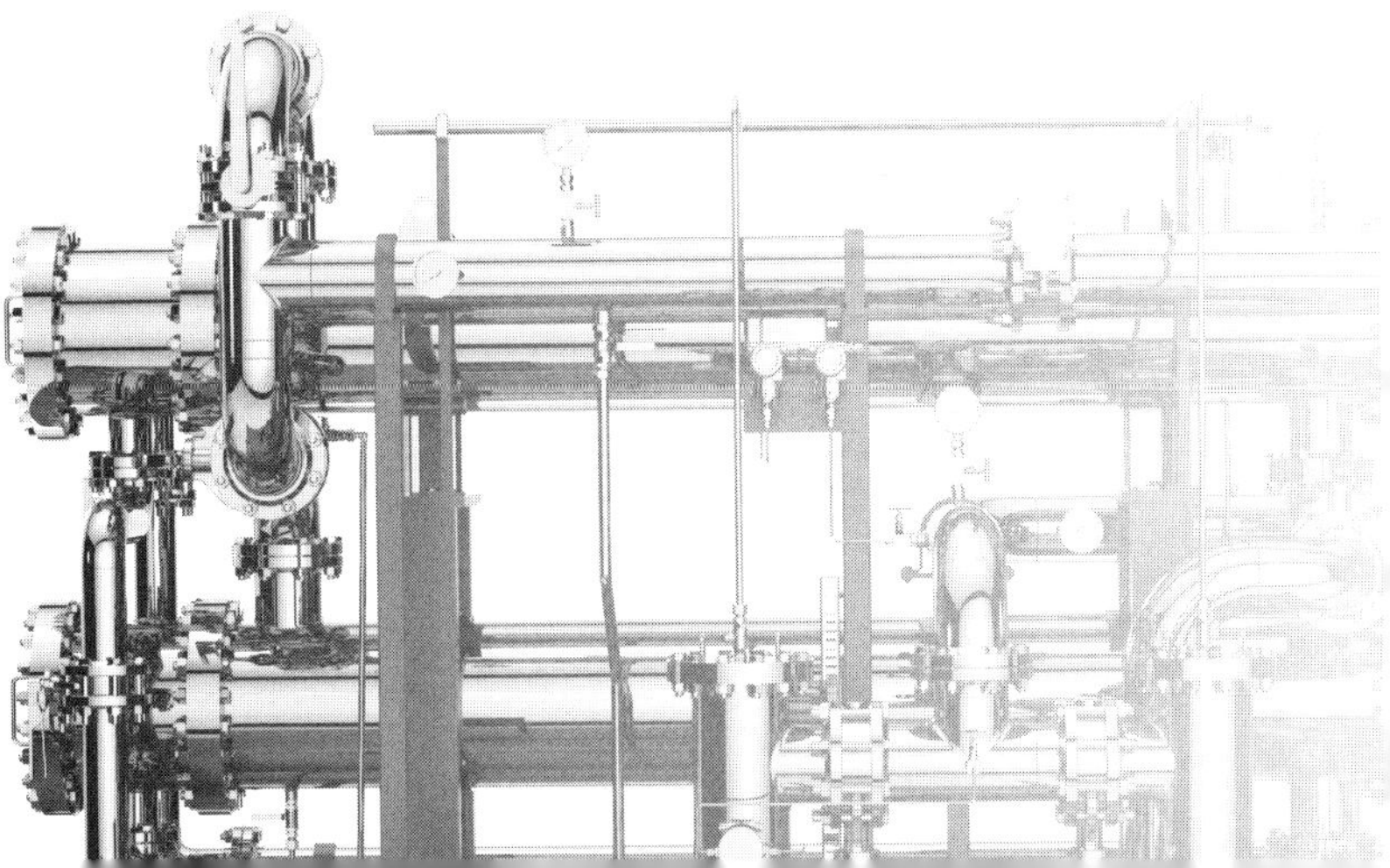

「もはや戦後ではない」。この有名な文言は、1956年の経済白書において記されたものだ。その文字通り、1955年から1973年までの約20年の日本経済は、10%台の経済成長を遂げ大きく飛躍。このわずかな期間に経済大国として世界に名を連ね、異例の成長を遂げたことは、まさに「東洋の奇跡」といえる。日本全体が活気に溢れ、人々の暮らしが豊かになっていくことを皆が実感した時代であった。特に石油や鉄鋼業といったプロセス産業、重化学工業の発展は目覚ましく、経済成長に大きく寄与した業界だといえるだろう。

工業に関わる技術や設備の革新に溢れた高度経済成長期は、産業の急速な成長を支えた変革期の1つに挙げられるのは間違いない。そして時代は昭和から平成、令和と高度経済成長期の終焉から半世紀のときを経たいま、DX推進という大きな変革期を迎えている。とりわけ、日本経済とインフラ基盤を支えてきた石油化学工業は、重厚長大であるが故の構造改革に資する経営判断を迫られている業界といえよう。

本章では、高度経済成長期以来の変革期でキープレイヤーとなる石油化学工業に焦点を当て、社会課題の最大公約数を詳らかにした上で、変革の向こう側に広がる景色をのぞいてみたい。

製造業の最大公約数的社会課題

さまざまな業界の事業者の困り事をヒヤリングしていくと、日本の石油化学工業が抱える課題は、製造業・ものづくりに共通した課題であり、産業界全体の課題の縮図だということに気付かされる。ここでは、石油化学工業の視点からプロセス産業が抱える最大公約数的３つの課題について言及していく。

いわんや設備の高経年化

高度経済成長を支えてきたプラントの中には、創業から数十年も稼働し続けている設備は珍しくなく、整備しながら40～50年操業し続けているプラントはざらで、錆で茶色くなった製油所は「チョコレート工場」と揶揄されるほどである。世界情勢の変化や電力需給ひっ迫から、閉鎖していた火力発電所を再開する、いわゆる勇退したベテランを再び現場に呼び戻すといったようなことも起こっていて、まさに産業インフラも高齢化社会といえる。もちろんプラントの操業には、国が定めた安全基準に沿った保守運用がなされているが、高経年化に伴う不具合や計画外停止といった事態を回避しきれないのが実情である（安全基準や法制度については第5章で詳しく扱う)。年齢と共に病気や薬の話題が増えていくように、プラントも高経年化に伴って点検や補修といった保守に時間がかかりコストがかさむため、健全性を担保することが一層重要な課題となっている。

このような状況に事業者や国はただ手をこまねいているわけではない。新技術を活用し自主保安の強化に取り組む事業者に対して国がインセンティブを与える「スーパー認定事業所」は、連続運転期間や検査手法を事業者がリスクに応じて自由に計画することで、より柔軟で効率的な事業運営が可能になるとしており、国は年間722億円の検査費削減が見込めると試算している。ただ、理想的な事業運営が認められる事業所に昇華するための新技術の活用とはどういったものだろうか。実のところファイナルアンサーといえる手段はなく、いままさに石油化学工業の自助努力に委ねられているのも実情である。

生き字引が不在、ベテラン従業員の引退

プロセス産業のみならずどの業界でも深刻化する「人材不足」は避けられない。日本の少子高齢化は、2008年の約1億2808万人をピークに、2022年には約1億2495万人と14年間で約310万人以上減少している。また、2008年における65歳以上の高齢者の割合が22・1%だったのに対し、2022年には29・1%と超高

日本の総人口推移

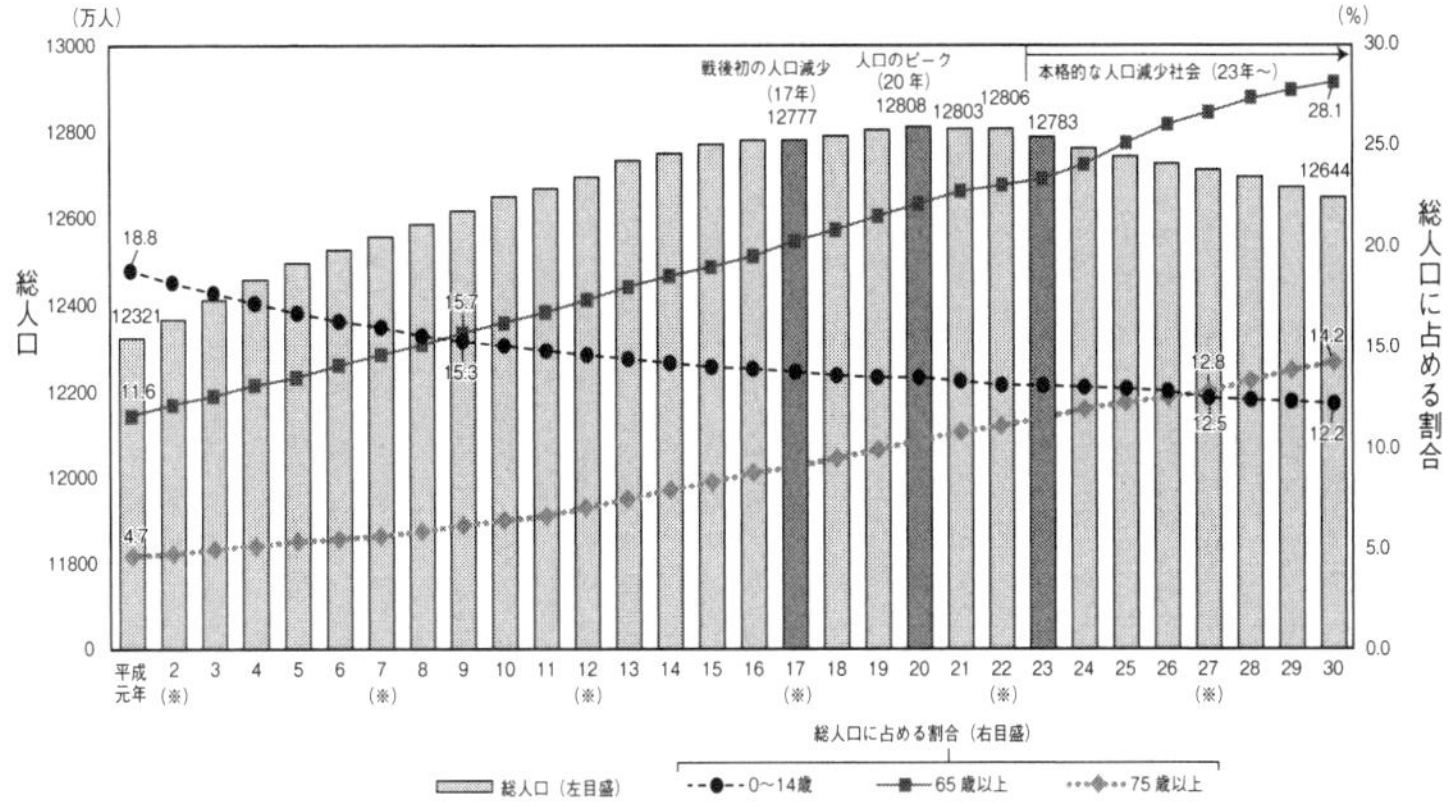

参考：総務省統計局

統計が語る平成のあゆみ
https://www.stat.go.jp/data/topics/topi1191.html

齢化社会へ進行し続けているのだ。出生率が改善されなければ、２０４０年には約１億１２００万人、２０７０年には約８７００万人まで日本人が減少すると試算されている。

一方で２０２２年の労働人口は、ピークを迎えた２０１９年の５６８８万人からほぼ横ばいに推移している。定年延長で60歳以上の労働者が頑張っているからだ。２０２３年の人口分布をみると、第二次ベビーブームに由来する48〜51歳が多く占めている。この世代が大量に退職を迎える約15年後の人材不足は一層深刻なものとなることは想像に難くない。

労働人口の減少に加え、２０２４年に控えた時間外労働の上限規制適用は、時

正規雇用と非正規雇用労働者の推移

- ◆ 正規雇用労働者は 3,588万人（2022 年平均。以下同じ）。対前年比で 8 年連続の増加（+1 万人）。
- ◆ 非正規雇用労働者は 2,101万人。2010年以降増加が続き、2020年以降は減少したが、2022年は増加（+26万人）。
- ◆ 役員を除く雇用者に占める非正規雇用労働者の割合は 36.9%。前年に比べ 0.2ポイントの上昇。

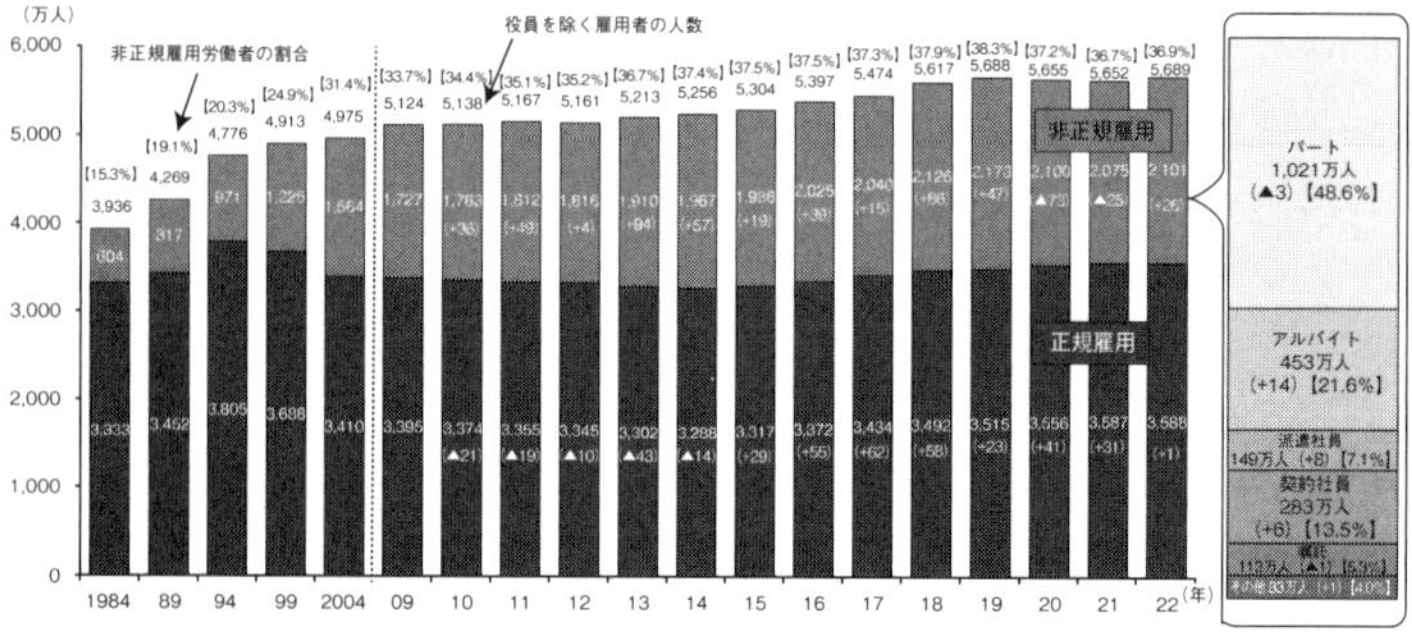

（資料出所）1999年までは総務省「労働力調査（特別調査）」（2月調査）長期時系列表 9、2004年以降は総務省「労働力調査（詳細集計）」（年平均）長期時系列表 10
（注）1）2009年の数値は、2010年国勢調査の確定人口に基づく推計人口への切替による遡及集計した数値（割合は除く）。
2）2010年から 2014年までの数値は、2015年国勢調査の確定人口に基づく推計人口への切替による遡及集計した数値（割合は除く）。
3）2015年から 2021年までの数値は、2020年国勢調査の確定人口に基づく推計人口（新基準）への切替による遡及集計した数値（割合は除く）。
4）2011年の数値、割合は、被災 3 県の補完推計値を用いて計算した値（2015 年国国勢調査基準）。
5）雇用形態の区分は、勤め先での「呼称」によるもの。
6）正規雇用労働者：勤め先での呼称が「正規の職員・従業者」である者。
7）非正規雇用労働者：勤め先での呼称が「パート」「アルバイト」「労働者派遣事業所の派遣社員」「契約社員」「嘱託「その他」である者。
8）割合は、正規雇用労働者と非正規雇用労働者の合計に占める割合。

参考：厚生労働省

足下の雇用情勢と労働力人口等の推移
https://www.mhlw.go.jp/content/11601000/001102035.pdf

間外労働にメスが入るため、ダブルパンチで労働力確保が困難な時代に向かっている。現実には、ベテラン従業員の引退と若手人材育成・技術伝承に十分な時間が確保できないことを背景とした重大事故が多発しており、そのリスクは増大傾向にあることは公知の事実である。

モノ売りからコト売り「グリーン」主導へ

気候変動から気候危機と表現されるようになり、経済・産業活動の環境への配慮は意識を高めるだけでは何もしていないの

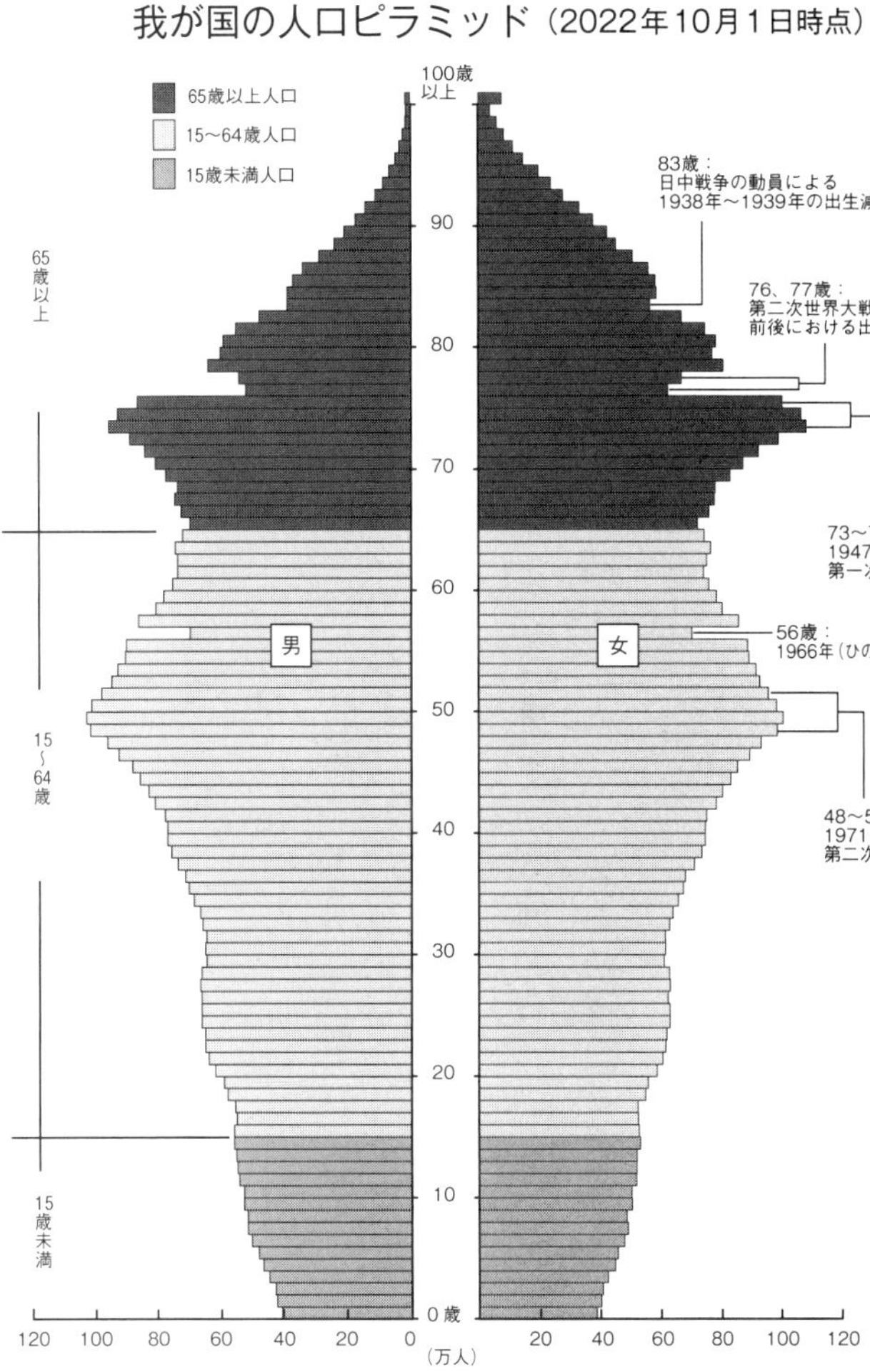

参考：総務省統計局

人口推計の結果の概要
https://www.stat.go.jp/data/jinsui/2022np/index.html

と同じとみなされ、市場全体がグリーンへシフトせざるを得なくなっている。ダイエッターが食事制限をし、カロリー表記で摂取量を判断するように、プロセス産業でも生産量だけでなく、グリーン表記がユーザーの選択基準になっていくことは容易に想像できる。特に化石燃料に由来する石油化学工業は、経済活動への影響度が大きい故に必要悪とも、ビジネス構造を変えるレジェンドともなり得る。縮小市場との見方が大半である中、〝大変なときほど〝大きく変わる〟チャンスだと捉える見方は少数派だろうか。DX同様、GX推進、カーボンニュートラルが1つの事業活動指標にはなることには違いない。いま見えているものだけでなく、まだ見えていないものが可視化されたときにビジネスチャンスと捉える前向きな事業者であるかどうかがポイントだ。エネルギー市場のグローバルな変化は高度経済成長期以来の未曽有の事態であり、これを商機と捉えられたものが、2030年に向かってサステナブルな事業者となるだろう。

以上に掲げた日本のプロセス産業が抱える3つの課題は、幅広い業界で共感され、業界を越えた情報共有や協業を実現すれば思わぬケミストリーとなるかもしれない。これら課題を同時多発的に取り組み、かつ短期間のうちに成果を上げることが求められる中、果たして当事者には突破するだけの資質と体力が備わっているだろうか。以降で石油化学工業が築き上げてきたものが何かを詳らかに見ていこう。

築き上げた仕事観が旧態依然だと指される日

高度経済成長を牽引し屋台骨として日本経済を支えてきた石油化学工業は、長年培ってきた技術を自社の成長だけでなく、現代のものづくりに活かしている反面、決してオープンではない業界ならではの独自の文化形成、独自の進化を遂げてきたといえるだろう。これはややもすると「井の中の蛙／ゆでガエル」状態にあり、神格化された仕事観のもと、変わる機会を逸したまま旧態依然の操業を続けてしまう恐れがある。

それがようやく、ＤＸ推進に向けた戦略策定に取り組み始め、５年後10年後のあるべき姿を描くものの、ゴールに至るまでの手段が高尚で現場との乖離を埋められないまま推進されているケースが多い。「現場の声が強い」「自分の目で見たものを信じる」といった専門性が高いが故の現場重視の傾向が強いのも石油化学工業の特徴といえるだろう。

そうして築き上げ、大切にしてきた仕事観の中で代表的なものを３つ挙げて、変化の弊害となるか考察してみよう。

①絶対的三現主義
②擦り合わせ文化
③なんでもドキュメンテーション

これらを1つずつ紐解いてみると、

まず①「絶対的三現主義」は、机上ではなく、実際に「現場」で「現物」を観察して、「現実」を認識した上で問題解決を図るという考え方が事業所内全員に染み付いている。現場スタッフは、豊富な経験から自分の目で見たものに揺るぎない自信を持つ人が多い。また、コロナ禍以前は事業所での会議は対面が前提だった。いまはオンラインでの打ち合わせが受け入れられるようになったし、机上で解決できることはそれがいいに越したことはないという考えが若い世代にはあり、コロナ禍を越えて柔軟性は増したように見える。

②「擦り合わせ文化」は、石油化学工業の広大な装置の保守管理上、事業所内関係部署はもちろん複数の協力企業との連携が必要不可欠であり、必然的に調整力が備わり、養われていく。その調整力が発揮されるには、電子メール、チャット、仕様書（ＰＤＦ）といった電子化されていても分断されたコミュニケーションツール、メディアをベースとした環

境では限界に達しているのではないか。有機的に結合した情報共有の仕方に変えることができれば、伝わらない伝言ゲームを終わらせられるだろう。

そして③「なんでもドキュメンテーション」は、図面、設備管理台帳、工事仕様書、検査報告書、作業計画書、着工許可書などあらゆる事象、行為がすべて二次元の図面・図書で徹底的に管理されていることも石油化学工業では当たり前とされる仕事観だろう。未だに3枚綴りのカーボン紙で承認プロセスを回す現場が存在するが、様式を変えるには、カーボン紙の良し悪しというより、承認プロセスの必要性、必要であればその粒度・頻度・階層、原紙で回す必要性まで遡って要否を1つひとつ判断していく途方もない意思決定プロセスを経る必要がある。なんでもドキュメンテーションにDX推進のメスを入れるには相当な覚悟がいるだろう。

3つの仕事観を紐解いてわかるのは、①事業所内全員に徹底した問題解決への意識が根付いている、②関係者全員に調整力が備わっている、③業務がすべて図面・図書で管理されている、と変化を目指した際に弊害になるのではなく、成長と進化へ向けてポジティブに働く面もあり、資質は十分である。これらの資質を活かすよう、現状の業務プロセスを原子レベルに分解し分析するだけのリソースを投入できれば、旧態依然とした操業だと後ろ指を指されることなく、成長と進化を遂げられそうである。

そのDX推進、芯を捉えているか

DXの本質は、デジタルの技術を活用して企業の生産性や作業効率を向上させることはもちろん、社会全体の仕組みそのものを変革することにある。この訓示もだいぶ市民権を得てきた。

しかし、石油化学工業においてデジタル技術の活用が進んでいても、仕組みそのものを変革できている事例をなかなか耳にしない。つまりDXの本質に応えられていない、別の言い方をすれば、課題の芯を捉えていないということになる。

石油化学工業のデジタル技術は設計オリエンテッドで高度なソリューションが多く、現場が実現したい機能は包含されているものの、ほとんどは機能過多で帯に長し襷に長しである。DXを推進する者とその恩恵を受ける者を俯瞰すると、機能が充実したものづくりツールが正解とされた前提で、そのツールを現場で活用するように押し込まれている構図が見える。課題の芯を捉えるということは、課題を解決する技術を提供するだけでなく、課題を解決する当事者が持続できるということの担保を忘れてはならない。さらにいえば解決するのは技術ではなく、当事者であり、当事者がツールを使い続けることで仕組みが変わっていく、ということが本質である。

プロセス産業の保全活動を変える「デジタルツイン」という解決策

現実世界にあるものを仮想空間上に再現する発想は、いまに始まったことではなく、古くは1970年のアポロ計画に遡る。宇宙飛行中の爆発トラブルで乗組員が危険にさらされたときに、ＮＡＳＡは宇宙船と同じものを地上に構築し、複数のシミュレーターを使って無事地球へ帰還させたペアレント・テクノロジーがデジタルツインの原型とされている。その後、2002年に米ミシガン大学のマイケル・グリーブスが概念としてデジタルツインを広く提唱したことに始まる。

現実世界の何を仮想世界に再現するかによって手法や目的が異なる。例えば、製造プロセスを仮想化した生産シミュレーターはプロセスデジタルツインであり、現実空間の構造物を仮想化したものはフィジカルツイン、両者を包含したものがオペレーショナルデジタルツインである。ここでは現実空間の構造物を仮想化したフィジカルツインを起点に展開していく。

現実世界にあるものを仮想化するデジタルツイン

デジタルツインとは、現実世界にある物体をスキャンし、現物に限りなく近い状態でシミュレーションする仮想化技術の1つだ。例えば、プラント全体をスキャンすれば、コンピューター上に3Dモデル化されたプラントが再現され、まるでプラント内にいるかのように自由自在な視点移動を行うことができる。

このデジタルツイン化のメリットは、広大な現場に毎々赴かなくてもコンピューター上でプラントの構造が手に取るようにわかることにある。また、仮想化されたプラントは、当然ながら座標情報をもっており、定期修理や補修などの工事計画や、足場、機材置き場のスペースをあらかじめシミュレーションするといった作業計画ができるため、現地での採寸や確認作業が劇的に省力化できる。従来、現場状況は図面に落とし込んで情報管理するのが一般的だが、図面が最新化されていない、図面そのものがないことも多く、現物にある形状をありのままを捉えて位置情報を具備して管理するという発想は、例えるならGoogleマップのプロセス産業版といえる。

既設プラントにフィットするデジタルツインとは？

デジタルツインの可能性にいち早く着目し、導入に向けて取り組むプロセス産業系企業が増えている。しかし、その一方で導入コストや時間軸の課題に直面し、走り出すことを躊躇し、日和見している企業があるのも事実だ。

新規に建設するプラントであれば、設計段階でプラント建設会社が施工図面と並行して3Dモデルを作成するため、この段階でデジタルツイン構想を建設会社と共有しておけば、操業時に効率よくデジタルツインを実装することが可能だ。しかし、既存のプラントをデジタルツイン化する場合は、誰かが設備をくまなくスキャンしてモデリングしていくという手順を踏む必要がある。従来のアプローチでは、非常に精度の高いレーザースキャナーを用いて専門の測量士が点群データを収集し、3D CADソフトを使ってCADオペレーターがモデリングしていくため、膨大な手間と時間とコストをかけてデジタルツインを構築する。当然プラントの敷地面積や管理対象の複雑さに応じて時間とコストは跳ね上がり、100～200万平米あるプラントの3Dモデルが完成するころには3Dスキャナーも CADソフトもバージョンアップを重ね一世代技術革新しているほどだ。つまり対象規模に対する手段がフィットしていない時代が長いこと続いてきた現状がある。

デジタルツインをファストに構築するという発想

従来の3Dスキャン技術と3D CADソフトで構築するデジタルツインの在り方に一石を投じたのが、ブラウンリバースが提唱する「ファストデジタルツイン」である。文字通り「デジタルツインを〝早く手軽に〟実装」というのが、売り文句だ。従来のアプローチは細かく計測して正確にフィジカルをモデリングする高い精度と再現性を追求したデジタルツインだが、ファストデジタルツインは、モビリティタイプの3Dスキャナーを伴って現場を歩くだけで3Dモデルを自動生成し、スキャナーで捉えきれないフィジカルは2D画像で補完するといった手法をとっている。3Dモデルとしての精度と再現性を妥協し、手軽さと即効性、何よりも現場での利便性に重きをおいたアプローチとなっている。ブラウンリバースのファストデジタルツインなら、床面積1万平米の3Dモデル化で、コストは従来手法の約1／7、納期は最短3日と、圧倒的低コストと短納期を実現している。

ファストデジタルツインは、ただ「安い」「早い」だけではない。実際にデジタルツインに触れみると、意外に簡単操作、サクサク動く、酷暑・厳寒の中現場にいかなくていい、ということを体感する。そして何より純粋に「楽しい」「面白い」と心が突き動かされることに気付く。現場で何百回と現物を見ているのにもかかわらず、それがパソコンやタブレットで見られるようになっただけでなぜうれしくなるのか？それは紛れもなく既存の図

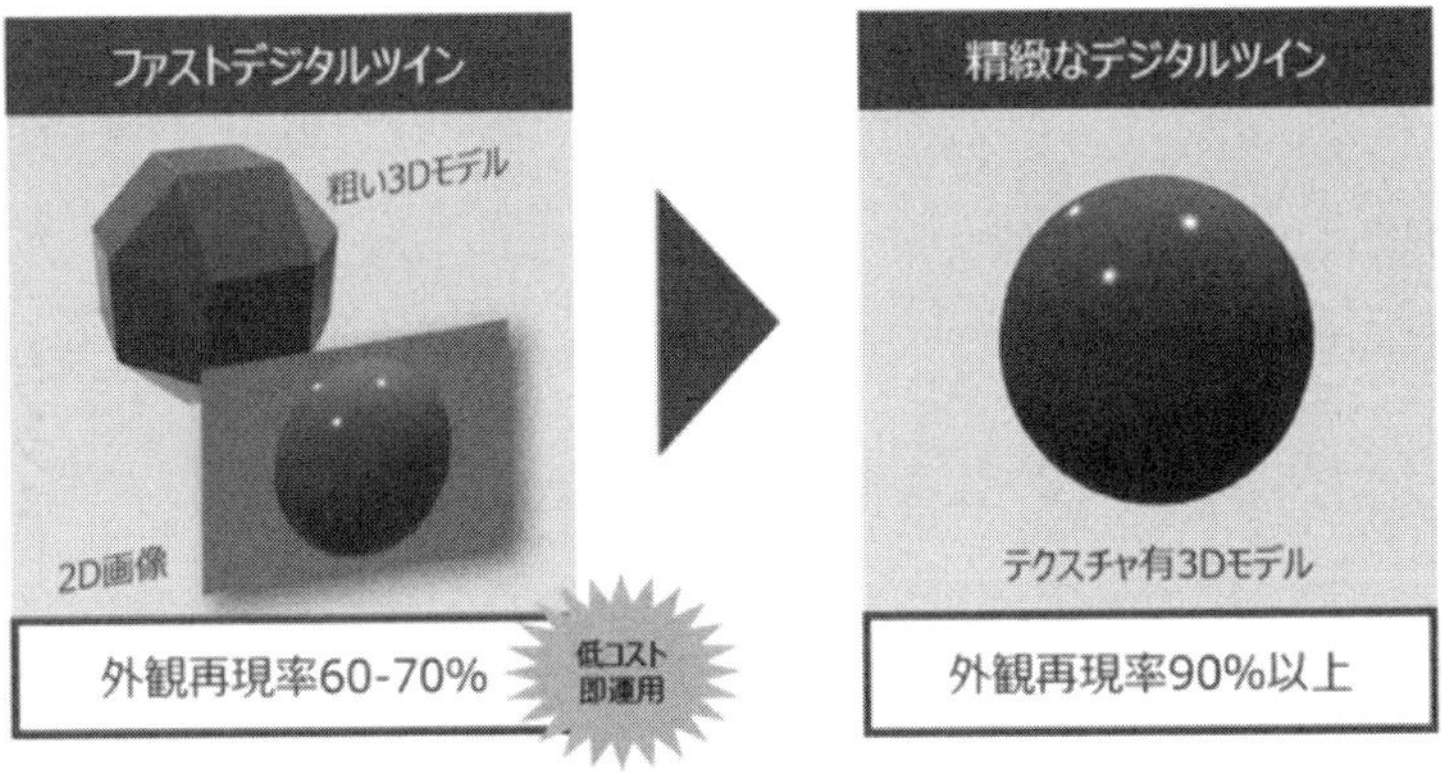

ファストデジタルツインは、軽量な３Ｄモデルと２Ｄ画像を組み合わせることで精緻なデジタルツインと比べて低コストかつ即運用を実現している

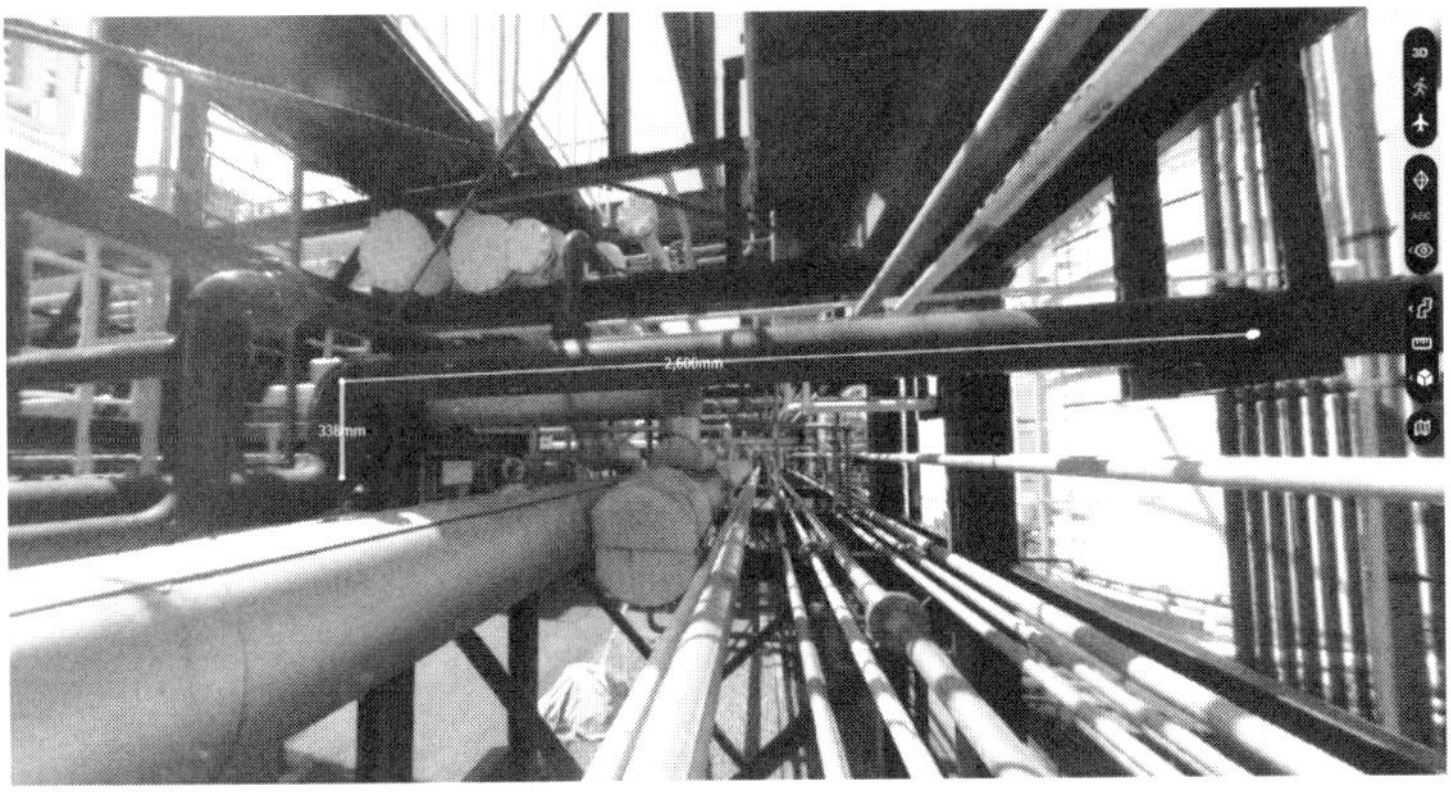

ブラウンリバースのINTEGNANCE VR画面。仮想化されたプラント内を自由に移動することができ、構造物の測長や足場・荷置きスペースなどのシミュレーションも可能だ。

面や台帳に縛られなくても「これで仕事が楽になる」を直感したからに他ならない。

ファストデジタルツインは高度な技術進歩の賜物というより、「3Dモデルは精緻でなければいけない」という固定観念の源泉となる「エンジニアリングの呪縛」から解き放ったことの功績が大きいだろう。もちろん、ものづくりには精緻な図面が必要だが、モノを保守する目的では、精密である必要性がものづくりほどではない。むしろ「どこに何がどういう状態にあるか」ということさえわかれば大半の保守業務は事足りてしまう。デジタルツインを使ってまず何をしたいのか？を突き詰めていくと、従来アプローチはミリ単位精度で1つの都市の地図を作成しようとしていることに近いように思えてくる。近所のコンビニに行くのにV8エンジンのアメ車を買うようなことが、DX推進ではしばしば見受けられる。

プロセス産業における「デジタルツイン」の未来像

石油化学工業におけるプロセス製造は、ライン工場のようなディスクリート製造と比較すると物理的な設備更新の頻度は低く、プラント構造物を定点観測するにしてもそこにリアルタイム性はあまり求められない。一方で、安全な操業を行っていく上では、プロセス漏洩、機械故障、作業員の不安全行動といった現場で起こっていることをリアルタイムに再現、検知し、事後対応ではなく未然に防ぐことは大いに求められている。現場の変化が仮想空間上でも同じように反映される、いわば「現実がシンクロした仮想空間」上で、物理的資産、システム、製造プロセスの運用と保守を最適化することがあるべきデジタルツインの将来像だといえよう。

現実世界で起こっている事象が仮想空間に投影されることは、構造物の変化、生産のトレンド、作業員の行動、重機の所在、着工許可の承認など、大小さまざまなあらゆる現実世界の操業活動の一部始終が一堂に会すことである。それらを大局的に俯瞰できるようになったデジタルツインが示す未来像を考察したい。

一般的には、デジタルツインは、必ずしも現実世界と連動したデジタル空間である必要がないメタバースと区別されることが多い。デジタルツインは現実世界を最適化するために高度なシミュレーションをすることを目的とする一方で、メタバースは第三者とコミュニケーションすることを目的としているので、仮想空間を利用すること以外は、共通点がないように見える。しかし、フィジカルをデジタルに投影するデジタルツインの世界の妄想を膨らませると、遠隔地にいるもの同士が、まるで現場の装置の前で議論をしているようにデジタルツイン上でコミュニケーションしたり、現実空間にはまだ存在しない設備改造案をデジタルツイン上で施工業者と議論しながらデザインし、デジタルデータを現実空間に3Dプリンタで出力するという先進的な未来も想像できる。デジタルツインはメタバースを構成する一要素として昇華すると同時にものづくりの概念を変える可能性を秘めている。

第2章

日本の製造業とDX

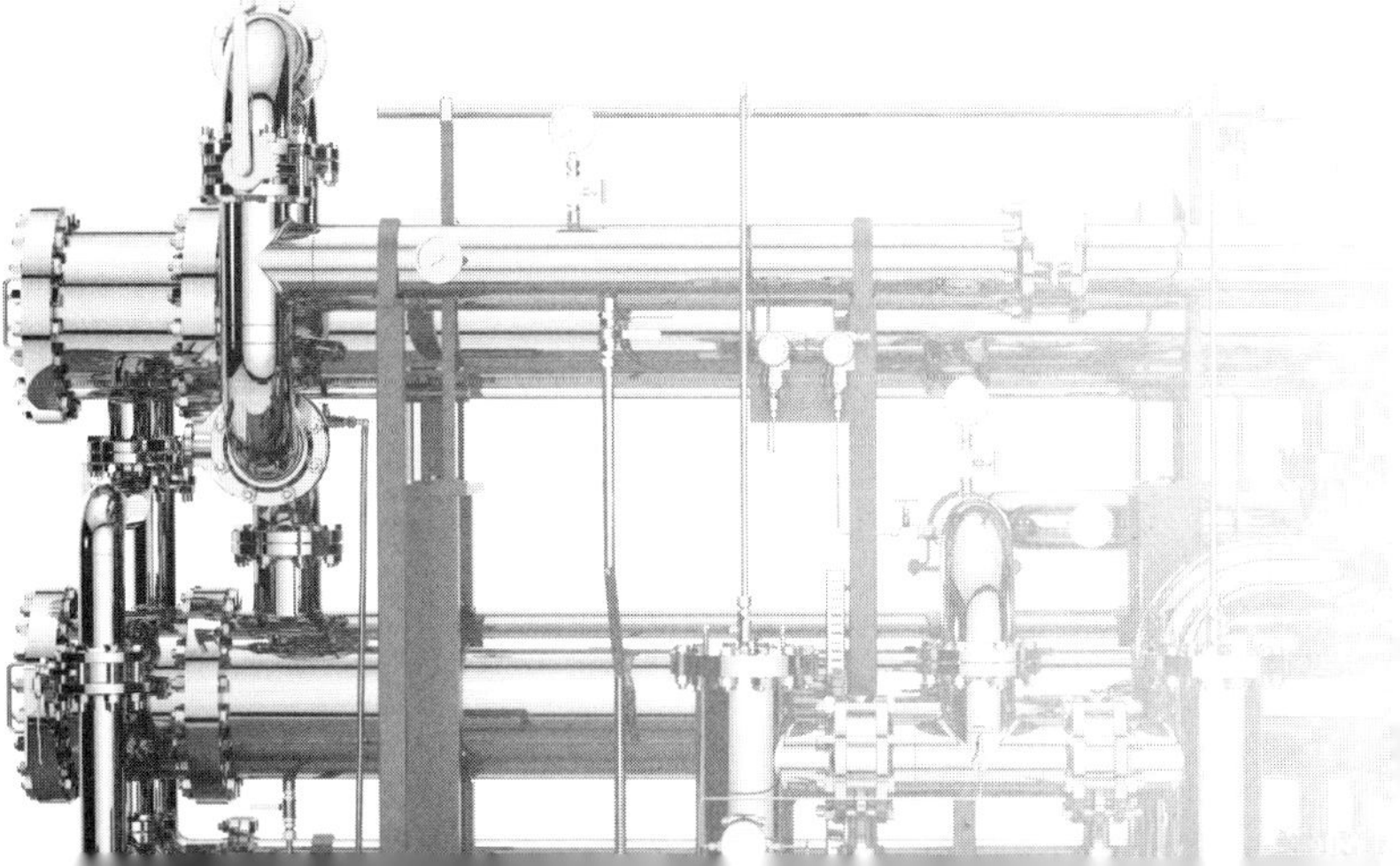

第1章では、石油化学工業を中心に第二次産業は高度経済成長期からどう変革してきたのか、そして日本の石油化学工業が抱える課題などについて触れてきた。DXが加速するいま、実際に日本の製造業ではどのような変革が行われているのだろうか。本章では、実際にDXへの取り組みが進んでいる自動車産業、そしてより推進が求められる石油化学工業の相違点や抱える課題などに触れ、DXの起点になり得るデジタルツイン、ファストデジタルツインについて踏み込んでいく。

DXが先行する自動車産業、同時にデジタルツインも加速

革新的な技術が続々と投入され続ける自動車産業。生産現場におけるDX推進はもちろん、消費者が手にする安価な大衆車にも最新の安全技術を標準装備し、自動運転技術を推進しているなど、先進的な取り組みが目立つ。そんな自動車産業は、他の産業に先駆けてデジタル化・DXが進められ、効率的な在庫管理や生産の自動化などが行われている。

例えば、ドイツのBMW社は、生産ラインを中心とした現場全体を仮想化し、リアルタイムで更新されていくデジタルツインを実現している。約600万平米という大規模な工場で働く従業員が毎日のように撮影をして歩き、その情報を逐一アップデートしていると

いう。その情報を元に自動車の生産に必要な機器やパーツ、工具、人員など、生産ラインを自由自在にシミュレーションすることによって最適化し、生産効率を高めている。

もちろん、仮想化された世界でシミュレーションが行えるため、生産するモデルの変更に伴うライン設計などを行う際も、設計者が現場に赴く必要がない。世界中どこからでも自由に設計でき、その情報を元に現場で微調整を加えるだけで生産ラインが構築できるのだ。

国内メーカーに目を向けてみると、世界中に知られる「ジャスト・イン・タイム」を生み出したトヨタ自動車もＩｏＴを活用し、工場と現場の部署間をつなぐ情報基盤の構築を推進。さらなる生産効率の向上や現場と設計側が抱える課題解決を迅速化するといった取り組みも行われている。

こういったＤＸへの取り組みは、トヨタ自動車やＢＭＷ社などの取り組みがメディアでもよく取り上げられ注目を集めるが、これらのメーカー以外にも自動車産業全体で当たり前のように進んでいる。

NVIDIA と BMW、現実世界と仮想世界が融合された未来の工場を実演 | NVIDIA
https://blogs.nvidia.co.jp/2021/05/10/nvidia-bmw-factory-future/

なぜ自動車産業は変革を推し進められるのか

なぜ、自動車産業は他の産業に先駆けて変革を推し進められるのだろうか。

自動車産業の迅速な変革は、IT化やDXといった時代の流れやただ「カッコいいから」といった理由で推進されてきたわけではない。自動車産業は、生産国のGDPを左右するほど大きな産業で、元よりいかに効率よく、品質を高めて自動車を生産していくか？と求められてきた。

例えば、世界のさまざまな企業が取り入れる「リーン生産方式」や「ジャスト・イン・タイム方式」といったトヨタ自動車の生産方式は生産効率アップの先駆けといえるだろう。特に近年はEVやハイブリッドといった具合にドライブトレーンも多様化し、多品種少量生産といった具合に生産体制そのものにも変化が表れている。そういった状況で生産方式を進化させていく中で、デジタルやデジタルによるシミュレーションの必要性に迫られた人たちがそれを活用。さらに、誰でも分かりやすく活用できる仕組みを作り上げていった結果、変革のスピードが加速したといえるだろう。DXによって業務の効率化や生産性がアップしただけでなく、自動車生産に関わるすべての人たちにキラキラとした世界観を与えたことも恩恵の１つといえるのではないだろうか。

石油化学工業でＤＸがなかなか進まない理由とは？

ＤＸによって産業全体的に生産性の効率が高められてきている自動車産業と比べ、石油化学工業では業界全体を変革するようなＤＸが進んでいないという課題が残されている。

第１章でも前述した通り、石油化学工業の現場は「自分の目で見たものを信じる」といった具合に、現場ごとに仕事観が部分最適化されている傾向にある。現場を熟知しているベテラン従業員に裁量が委ねられ、現場ごとに仕事の進め方が構築されている、といったケースも珍しくない。そういった長年に渡って培ってきた知識や経験を持った現場の人たちの支えがあってこそ、業界のプラントを数十年に渡って操業し続けてこられたのは事実だ。

ただその一方で熟練した技術と経験を持つ従業員の高齢化に伴って世代交代が迫られてくると、口伝や紙の資料をベースにした従来の仕事の進め方では、技術継承が難しくなるという課題が生まれてくる。労働人口が減少するいま、技術継承は石油化学工業においても大きな課題だ。技術継承が進まないまま、いわば現場の棟梁に変わる人材がいなくなってしまうと、その現場のみにとどまらず、石油化学工業、プロセス産業と、日本の製造業全体へ衰退が波及してしまうことにもつながりかねない。

熟練した人材から後を引き継ぎ、次世代を担っていく若い人材への技術継承に欠かせないのがDXの推進だ。しかし、DXの推進には、ベテラン世代、若い世代ともに、現場の人たちが利便性を瞬時に感じ取り、驚きと感動を与える信頼されるようなシステムを構築して、定着していくことが求められる。

石油化学工業に求められる変革に必要な要素とは？

第1章で述べた通り、日本の石油化学工業は施設の高経年化や人材不足など多くの課題を抱えている。加えて、実際に現場を見ているベテラン従業員の技術や経験などに頼って操業を行うといった風土が根強く残る産業といえる。特に石油や化学品を扱う場面では、その日によって配合を微妙に変える必要があるなど、現場の技術や知見が活かされることも多い。

そういった現場に新たなシステムや設備を導入する場合、経営者や設計者などが選定して現場に与えるトップダウンでは受け入れられにくい傾向がある。現場ごとに代々引き継がれている仕事のやり方で十分に操業できていれば、反発する人がいるのも想像に難くない。とはいえ、より生産効率をアップし、さらに次世代に技術を伝承していくためには、ＤＸの推進は欠かせない。

現場の従業員も作業効率や生産性をアップさせてくれるツールなら当然喜んで受け入れてくれるだろう。しかし、現場のニーズに沿わないものを導入してしまうと逆に作業効率や生産性の低下を招く恐れもある。

現場に受け入れてもらえるツールを導入するためには、第一に現場の声に耳を傾け、「このツールがないと仕事にならない」と思ってもらえるよう信頼を獲得することが必要だ。プラントをデジタルの世界で仮想化するデジタルツインは、現場の信頼を獲得できるよう、プラントの３Ｄ表現に多くの工夫を凝らしている。例えば、プラントをスライスして平面化して表示するスライサー機能は、目視しづらい箇所の確認、把握が容易にできる。他にも仮想空間上でプラント各所のサイズを計測して足場や重機を配置するシミュレーション機能、配管を色分けして配管内で流れているものを把握する機能、部品の管理性や検索性を向上させるため各部品にＩＤを振る機能などがあり、豊富な機能を通して利便性を体感してもらえば、現場の人にも実際の業務に役立つツールであることを理解してもらえるはずだ。さらに、ブラウンリバースのファストデジタルツインのようにスキャンからわずか数日で仮想化空間に触れられるといったスピード感を体感すれば、現場からは驚きの声も

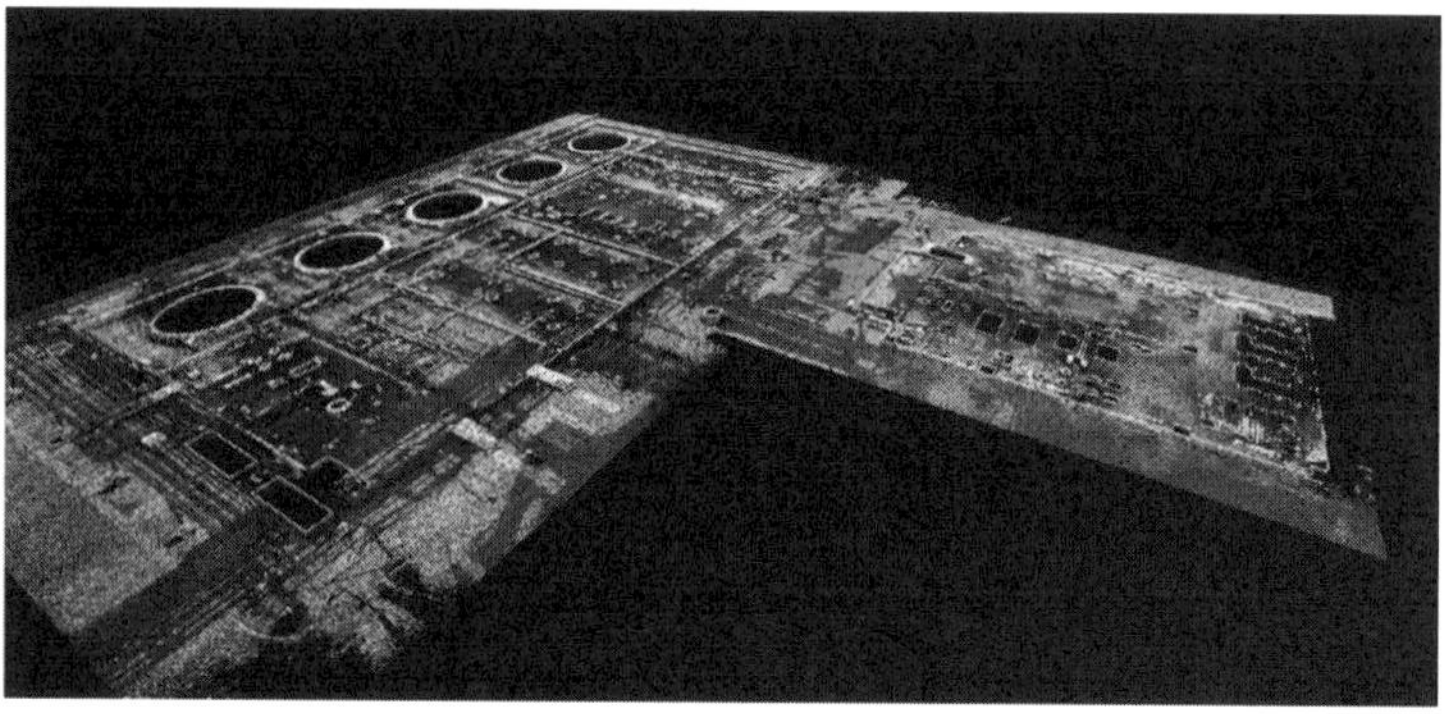
INTEGNANCE VRのスライサー機能。目視できない箇所の確認、把握を容易にする。

上がるだろう。まずは、現場にいる従業員の心を突き動かし信頼を得ることができれば、そのツールは受け入れられ、自然と浸透していくと考えられる。

このようなツールは経営層や設計者からツールを押し付けるのではなく、現場のニーズに沿ったツールをボトムアップによって選定できるような体制づくりが重要だ。

社会的に叫ばれているDXは、メディアなどの扱われ方によって綺麗な理想像として捉えられがちだが、実際には泥臭くやっていくしかない。現場とそれをマネジメントする経営者や設計者などが互いに試行錯誤を繰り返していく必要があるのだ。

DXの起点としてデジタルツインを完成させる

石油化学工業におけるDX推進を実現するツールとし

て注目を集めているデジタルツイン。第1章で述べたように石油化学工業で必要とされるのは、重厚で緻密に仮想化されたデータより、手軽に確認できることで利便性を高めたファストデジタルツインの方が現場の人たちに即している。

ファストデジタルツインは、ミリ単位で作成するデジタルツインと比較して数センチ単位のやや粗い3Dモデルを作成し、それを2D画像で保管するといった手法で「短納期・低コスト」を実現しているのが特徴だ。

短納期かつ低コストという大きなメリットを併せ持つファストデジタルツインだが、実際の納期や費用感はどれくらいなのだろう。INTEGNANCE VRの場合、約1万平米程度（400mトラックほどの規模感）のプラントであれば、納期は最短3日でコストは約100万円となる。ファストデジタルツインを構築するためのプラントの撮影も、スキャナーを持った作業員が事業所内を歩き回るだけでその日のうちに完了する。比較対象として、同規模のプラントを精緻なデジタルツインを構築する場合を挙げてみると、一般的にコストは700万円前後、納期は2カ月近くを要するケースが主流だ。このように導入するのに高額で長期間を要するデジタルツインだと、多くの企業にとっては承認を得るためには社内全体的な決議も必要になる大きなプロジェクトとして捉えられる。それに対し、ファストデジタルツインの費用感であれば、企業によっては現場責任者の裁量によって決裁できるケースも少なくない。実際、ＩＮＴＥＧＮＡＮＣＥ ＶＲの導入、ランニングの価格設定は、プラント設備を保有する事業所の課長クラスが持つ権限で導入可能な費用として設定している。

日本の石油化学工業は、元よりトップダウンよりも豊富な経験を持つ現場からのボトムアップによって生産性の向上や業務の効率化が醸成される傾向にある。新たな技術だからといって気構えず、まずはツールを使ってみる。その上で、現場で働く従業員たちがデジタルツインの利便性を感じ取ってもらえれば、自然と現場に浸透する。そして、現場での浸透がボトムアップで経営層や設計者にも広がっていけば、企業全体におけるＤＸの起点となるのではないだろうか。

第3章

重厚長大なプロジェクトタスクを紐解く

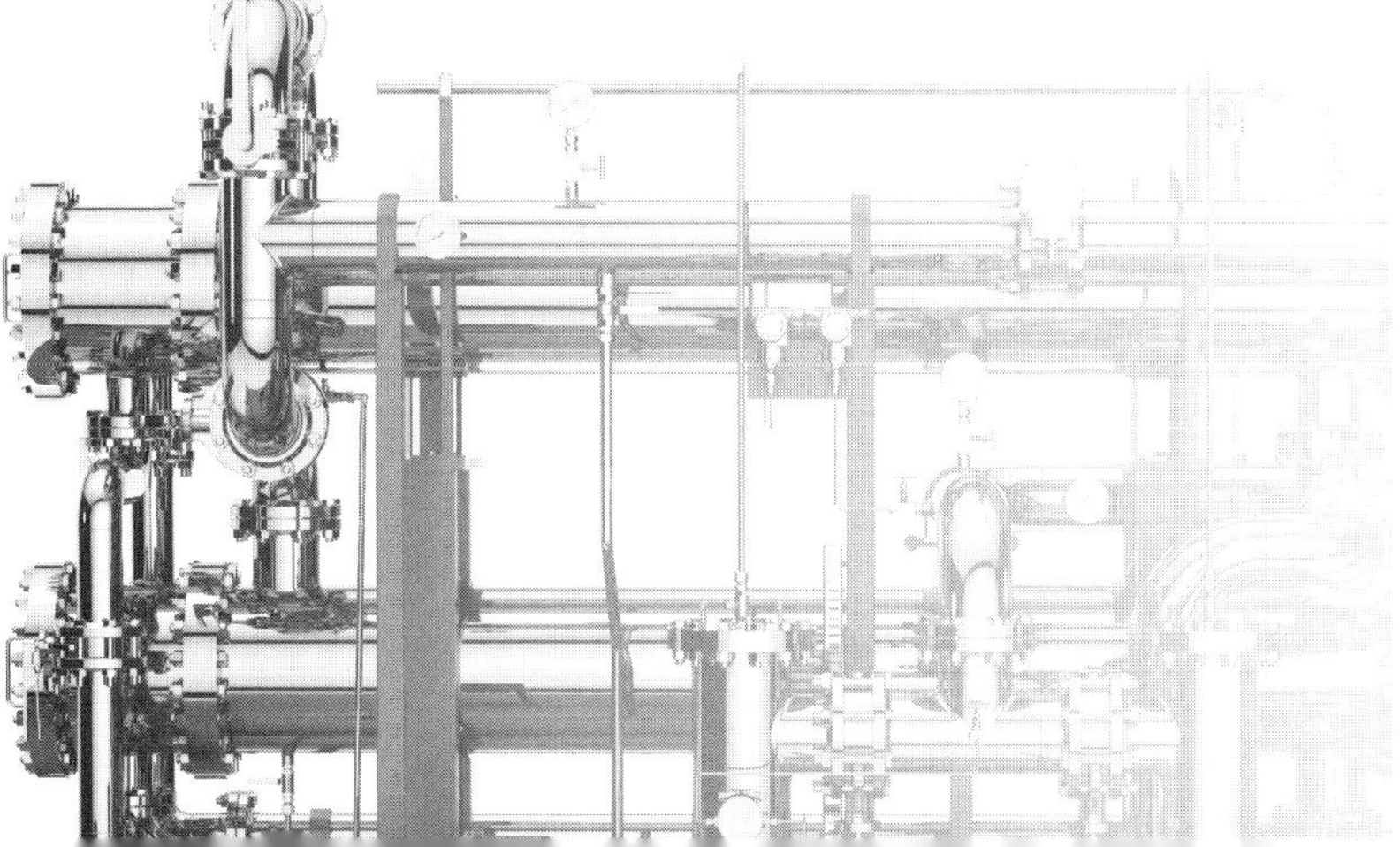

ここまで、日本の石油化学工業が抱えてきた課題と、それを解決しDXの起点になり得るデジタルツイン、より手軽に導入可能なファストデジタルツインについて触れてきた。本章では、重厚長大なプロジェクトといえる、石油化学工業の「定期修理」について分解したい。定期修理におけるデジタルツイン活用のメリットをはじめ、事業所や協力企業間でプロジェクトに関わるすべての関係者が共通認識を持って定期修理を遂行するために意識しておきたい点などについて触れていく。

プラント共通課題「定期修理」の計画から遂行までを分解する

石油化学工業において、安全に操業を続けていくために必要不可欠なのが定期修理だ。プラント設備の点検や修理などを行い故障や事故のリスクを低減するためには、多くの人員や資材が必要になり、計画から遂行まで概ね1年以上もの歳月を費やす大規模なプロジェクトになる。また、この定期修理の期間はプラントの稼働率が低下するため生産性や収益にも影響を及ぼし、わずか1日でも遅れが発生してしまえば大きな損失を招いてしまう。逆にいえば、この定期修理の期間を短縮すれば、利益拡大につながるため、効率化を図り計画通りに遂行することが第一義に求められている。

定期修理はプラントの規模や生産するものによって異なるが、長期に渡るものだと実施の約18カ月前からプロジェクトが開始される。プランや仕様の決定、見積り、発注、資材調達、工事、検査といった具合にフェーズごとに施主となる事業所や施工業者である協力企業が互いに連携を取って進めていくのが一般的となっており、この全体的なフローは石油化学工業においては、どの企業や事業所でも大きく変わることはないだろう。

多彩なフェーズが存在する定期修理を効率的に行っていくには、各フェーズを細かく分解し、事業所と協力企業が互いに自分のロールを理解して業務を遂行していくことが必要不可欠となる。とはいえ、規模が大きな定期修理の場合は、協力企業が二次請け、三次請け……、と多くなっていくため、後述の「同じ絵を見て、最新情報を共有してプロジェクトを遂行する」でも説明するが、協力企業の担当者が実際の現場を見ないと現場が把握できないケースや齟齬が生じてしまう恐れもある。また、情報伝達の伝言ゲーム化によってうまく回らないといった現実もあるのは確かだ。

そういった課題をＤＸの推進で乗り越え、定期修理全体を最適化することができれば、もっと効率よく短期間で行うことができるのではないだろうか。ここからは、その点について触れていくことにする。

製造業の業務フローと 3D 活用範囲

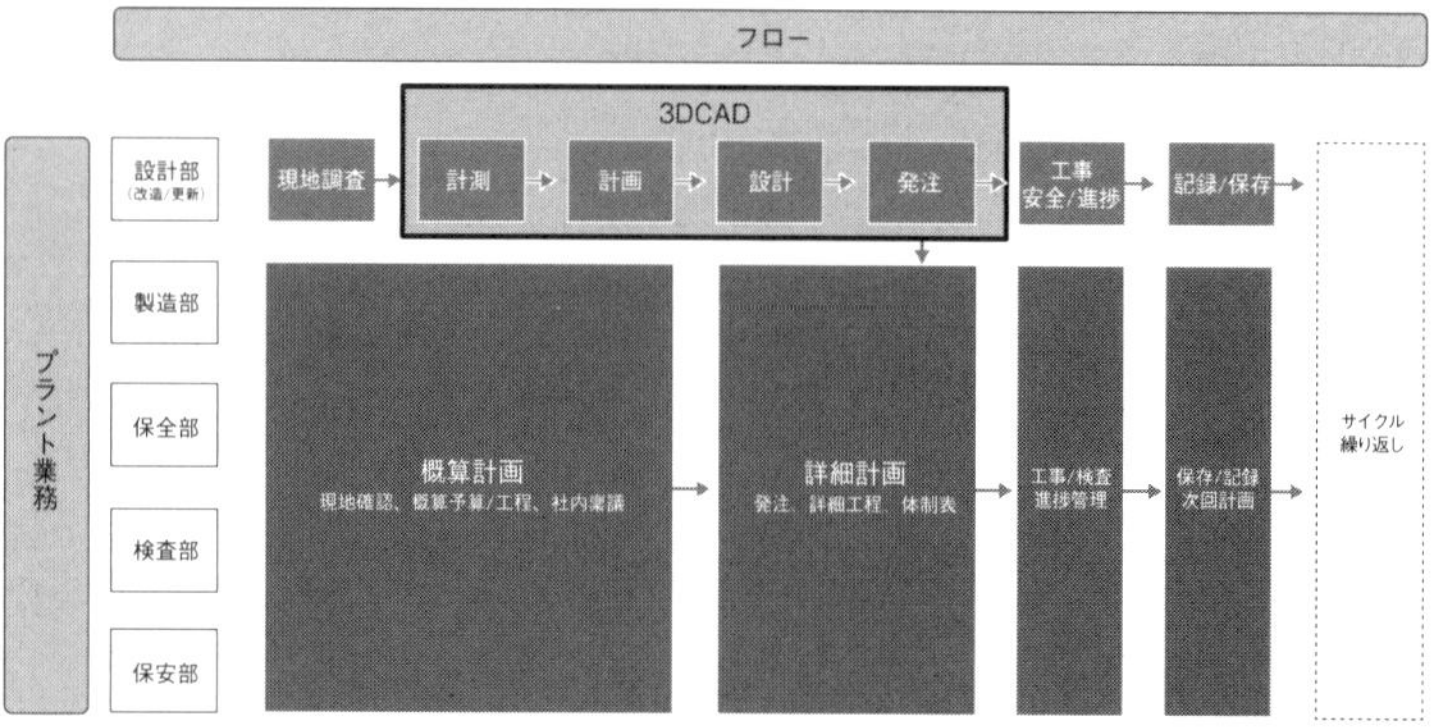

製造業における 3D の活用は、設計段階の CAD で使用されるケースがほとんど。使える環境に制限があり、図面を紙や PDF に落とし込んで現場などに送られることになる。

ファストデジタルツインの適用可能範囲

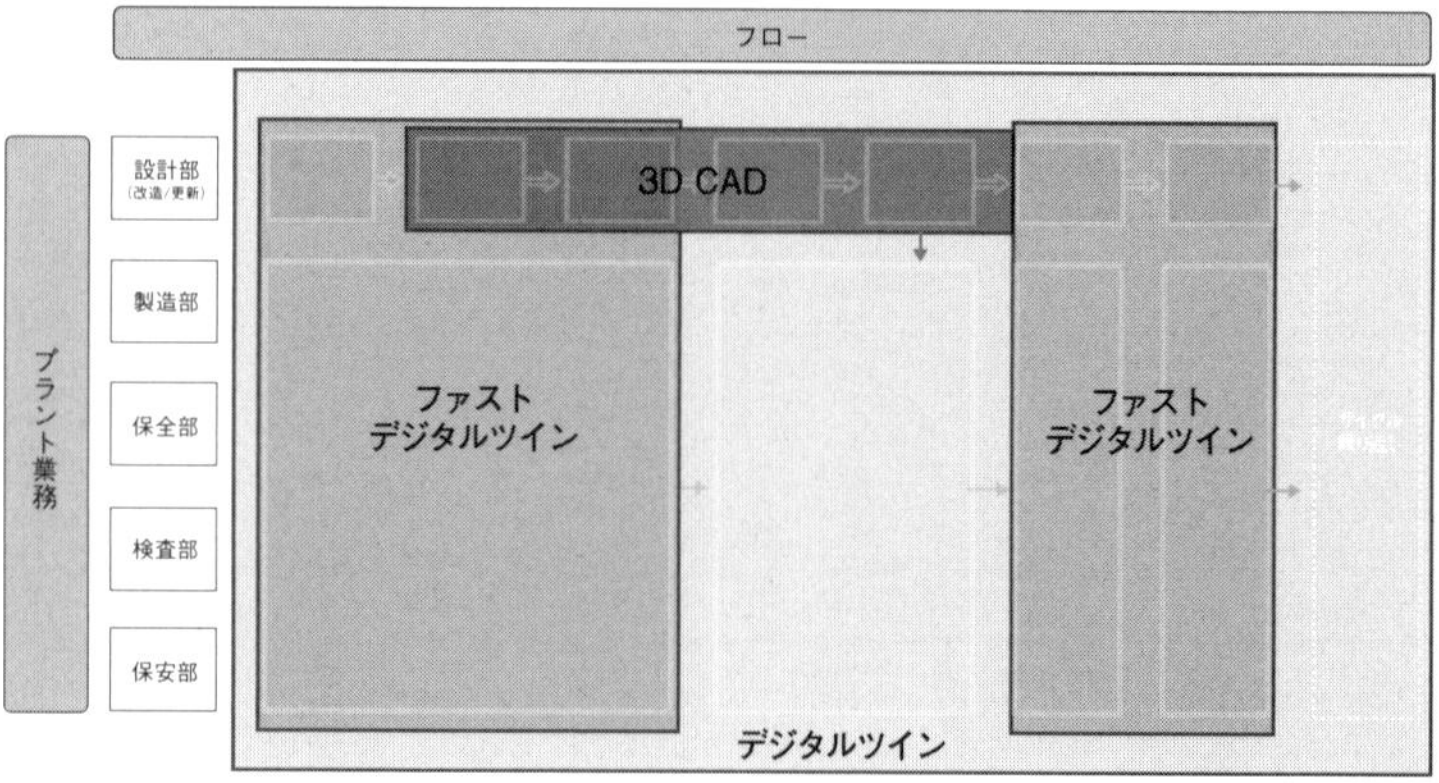

すべての業務をカバーするデジタルツインに対し、ファストデジタルツインは現場と密接な業務に広く適用可能だ。

プラントの仮想化とタスクフローの可視化が第一歩

ＤＸによって定期修理を最適化するといっても、現場での工程は現場に赴いた上での目視を必要とする作業もあるため、ＤＸによる時間短縮はなかなか望めない。何よりも最適化を図るには、定期修理を行うためのプラン決定や見積りといった計画段階の工程だ。そしてデジタルツインを活用したプラントの仮想化をしておくことが最適化の前提となる。

プラントの仮想化をしておくことで享受できるメリット

デジタルツインを活用したプラントの仮想化をしておけば、定期修理におけるさまざまな工程の時間短縮を実現できるが、いくつか例を挙げていこう。例えば、デジタルツインを活用した現場状況の仕様書への落とし込み。仕様書の段階で、現場に直接赴いて現場状況を判断する回数を省き、現場と設計者の認識に齟齬が生じるリスクを低減するのが狙いだ。次に、仮想化されたプラント内に足場や重機を配置したり、プラント全体のサイズをディスプレイ上で計測したりするなどのシミュレーション。これらの測量の作業は、デジタルツインなら図面を読み解いたり現場で実長を図ったりすることなく行うことができ、必要な資材の量もあらかじめ把握することにつなげられる。他には、定期修理の実施後に、デジタルツイン上にどういった手法、手順で作業したか記録しておけば、次回にもつながる。誰もが分かる状態で過去の記録を残せば、担当者が変わったとしても、次回の定期修理で新たに検討する手間も省ける。これら諸々のデジタルツインを活用した最適化の例は、施工主の事業所だけでなく協力企業の担当者も現場に赴く回数を減らすことにもつながる。

ＩＮＴＥＧＮＡＮＣＥ ＶＲでは、さまざまな事前のシミュレーションはもちろん、パノラマ写真上にコロージョンループや腐食・損傷の重点管理部を配管にマッピングできる「配管ＮＡＶＩ」機能も搭載。現場確認する作業を最小限にすることで、オンラインによる検査や工事のプランを立てることができる他、概算の見積りまで行える。こういった作業で求められるのはミリ単位で管理されたデジタルツインではなく、現場や協力企業でも手軽に確認できるファストデジタルツインだ。どこに何があって、いまどういう状況か。それが分かれば十分であるためだ。

ブラウンリバースでは、デジタルツインの活用を規模の大きいプラントで使用することを推奨している。数名で管理できる規模のプラントであれば、仮想化するよりも直接コ

INTEGNANCE VRの配管ＮＡＶＩ機能。現場での配管を確認する作業をなくすことで、オンラインによる検査や工事のプランを立てることができる他、概算の見積りまで行える。

ミュニケーションとってしまった方が早く、デジタルツインを活用して享受できるメリットは少ないと見込んでいるからだ。現時点では、現場の人たちにとっての利便性や手軽さを追求した結果、ＩＮＴＥＧＮＡＮＣＥ ＶＲはスキャナーで捉えられる範囲、いわば目に見える範囲のみ仮想化する。しかし、今後はさらなる領域の拡張を予定している。目に見えない埋設配管を３Ｄ化して肉厚まで測定する機能や、衛星の位置情報などを用いてミリ単位で構造物の変位を捕捉する機能など、サードパーティーが有する先端技術を組み合わせたアップグレードを見据えており、今後も無限の伸びしろを持った仮想空間ともいえるだろう。

INTEGNANCE VRの配管NAVI機能イメージ動画
https://youtu.be/UVTCghf-cP4

定期修理の業務フローはもっと最適化できる

ファストデジタルツインのようなツールを活用したDXを推進するだけでも十分に定期修理の最適化を図ることが可能だ。しかし、さらに踏み込んで、プランの決定から遂行までの計画に係る、事務的な工程・業務においてもDXにより定期修理全体の最適化が進み、時間短縮を図ることができるのではないだろうか。

見積り段階の例を取り上げよう。全体の見積りは、施主によって作成された仕様書に沿って、元請けとなる協力企業が掲示するのが一般的だ。その際、フェーズごとに業務を分解し、二次請け、三次請け以降の協力企業へと業務を委託し、それぞれから提出された見積りをまとめる作業が必要になる。こういった上流から下流へという業務の委託、そして下流から上流へと見積りが上がってくる仕組みは、業界内で変化なく受け継がれてきており、各企業間のやり取りは紙がPDF、FAXが電子メールになったくらいで、フローは変わっていない。こういった情報の伝達は、より効率的かつスピーディーにできるのではないだろうか。例えば、仕様書など、元請けから二次請け、三次請け企業へとメールベースで伝達されているものは、クラウドツールを利用して1カ所に集めて管理し、1つの仕様書をすべての企業からアクセスできるような環境を用意する。これだけでも情報伝達速度は飛躍的にアップされ、それぞれのフェーズにおいて各協力企業が入力していくだけで自動的に見積書がマージされる仕組みが構築できるだろう。

DXの推進は、プラントの仮想化はもちろん、各フェーズにおけるタスクフロー可視化と情報伝達の仕組みの変革をもたらす。定期修理の各工程の時間短縮が実現すれば、プラントの稼働率と生産性がより一層向上するだろう。

同じ絵を見て、最新情報を共有してプロジェクトを遂行する

定期修理の計画から遂行するにあたって、施主は元請け企業をはじめ、そこから発注される二次請け、三次請け、とさまざまな協力企業と協力していくことになる。

前述した通り、定期修理に関する仕様書は、これに従って縦割りに伝達されていくのが一般的だ。その縦割りごとの二次請けや三次請け協力企業同士では、横のつながりや連携はほとんどない。すると現場では、同じ敷地内で工事が輻輳し足場が重複したり、同じ場所に2度組んでしまったり、重機を計画通り配置できなかったりするケースが発生してしまう。協力企業が自社の業務・役割を把握するだけでなく、より踏み込んで「同じ敷地内で他社はいま何をしているのか」と、協力企業同士がそれぞれの業務・役割を把握することも、全体最適化された定期修理を実現するには重要となるだろう。もし、計画段階で定

期修理に関係するすべての作業計画書から、「この時点ではここに足場が組まれる」「ここに重機がある」「搬入経路はここから」といった情報を仮想空間で事前に把握できれば、その後の作業効率は飛躍的にアップするはずだ。

Googleマップには自分の現在地を他のユーザーと共有する仕組みがある。同じような仕組みが定期修理の現場にあったら何かが変わりそうだ。「その人はいまどこにいるか?」「その人がいま何処にいてどういう作業を行っているのか?」探したい人の位置情報や該当の人の現状把握を定期修理に関する現場の人たちに共有してみてはどうだろう。そういった情報を可視化することで、いつまでに該当の人や必要な機材、資材が到着するか、次にどんな作業が発生するか予測を立てることにつながるはずだ。そして、現場の従業員のみならず、マネージメントを行っている関係者すべてが同じ情報を共有して行動すれば、定期修理はさらなる効率化につながるのではないか。

デジタルツインを活用すれば、よりスムーズな業務効率化を実現する可能性を秘めているのだ。

第4章

業界の変革に挑むリーダーたち

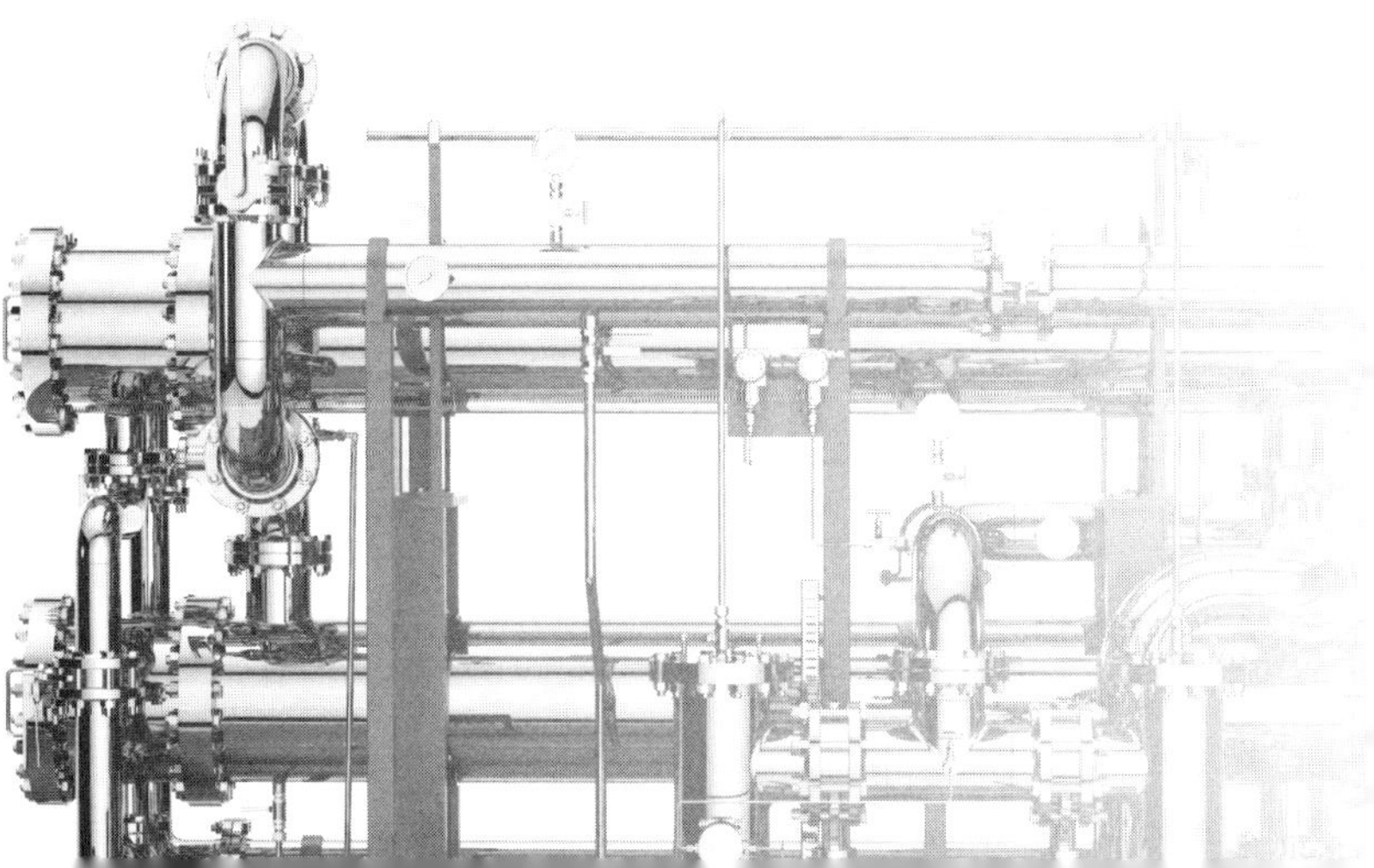

業務の工程のみならず社会全体の仕組みすら変革をもたらすＤＸ。本書で扱っているファストデジタルツインという新たな発想もＤＸ推進の一役を担っているといえるだろう。しかし、多くの企業や官公庁がＤＸ推進に対する取り組みを行っていく中で課題も残されている。とりわけ〝当事者意識の醸成〟〝リーダーの苦悩〟〝法規の壁〟といった３つの難題が存在しており、これらを乗り越えていくことがＤＸ推進に必要不可欠だ。

本章では、そんな３つの難題をそれぞれ乗り越えた企業や法規制定に関わる行政の担当者にインタビューを実施。ＤＸ推進にかけた想いやファストデジタルツインというツールのＤＸ貢献度、そして今後に期待することなどを伺った。

ＤＸ推進は、いったい〝誰〟がやるのか？ ～当事者意識の醸成～

～ＡＧＣ株式会社　千葉工場 ファインケミカル部 ファイン１課
化学品カンパニー 生産本部
プラントＩＴソリューショングループ（兼任）吉田圭甫氏（２０１６年入社）

ＤＸ加速の狙いは市場での圧倒的存在感、社員のエンゲージメントの向上

ＡＧＣ株式会社（以下、ＡＧＣ）は、建築材料や自動車分野においてトップシェアを

誇るガラスメーカーだ。ディスプレイ用ガラスや電子部材に加え、高機能化学製品、セラミックス、ライフサイエンス事業なども手広く手掛け、国内のみならず世界各地で高品質な製品やソリューションを提供している。同社は、中期経営計画「ＡＧＣ Ｐｌｕｓ－２０２３」の中で、長期経営戦略にもある「２０３０年のありたい姿」を掲げており、それら中長期の目標の実現を確実にするためにも「ＤＸの加速による競争力の強化」を重要視している。今後のビジネスモデルの変革を見据え、開発から製造・販売に至る一連の工程をデジタル技術で革新し、さらにデジタル技術を使い、顧客に新たな付加価値を提供し、競争優位性を実現するといった経営戦略となっている。

今回、同社のＤＸ推進に対する取り組みの話を伺ったのは、フッ素樹脂やフィルムなどの高機能化学製品の製造全般に携わる吉田氏だ。同社の新製品を世に生み出すためのプラントの設計業務がメインとなるが、生産管理やコストの管理、さらにカーボンニュートラルで注目を集める二酸化炭素の排出量などの削減にも携わっている。

吉田氏がＤＸに携わったきっかけはトップダウンによるものではなく、業務を行う中で自身でもＤＸを進めなければならないと感じる体験があったからだという。吉田氏が現場の製造主任として働いていたころ、三交代勤務の現場で行われる運転状況などの申送りが、デジタルはおろか紙のノートとペンを使って行われていた。この申送り事項には、プラントの運転情報はもちろん技術のノウハウも記載されている。それは現場の製造職にとってみればバイブルであり、重宝される情報であることはいうまでもない。しかし、これらの情報が当時は紙の資料でのみ残されており「ノウハウがデータ化されていないことに寂しさを感じました」と吉田氏は語る。そこから吉田氏は、実際の行動に出る。まずは、現場にある紙の資料にまとめられた情報をデジタル化し、一元的に集約する取り組みを行った。「まずは目の前の課題から手を付け始めました」と当時を振り返る。

会社としてもDXを進め、浸透させていこうという機運が高まっていた。その中でこういった行動をいち早く始めた吉田氏は、その功績を認められDX担当も兼任することになる。申送り資料のデジタル化と一元管理を実現した吉田氏の次の一手は、申送りだけでなく、生産や製造に関わる情報の一元化だ。運転データや品質の合格率、歩溜まりなどの運転情報に加え、災害の報告書などもすべてデータベースとして集約したプラットフォーム「CHOPIN（化学品プラント運転管理、品質管理などを一括管理できる化学品プラント運転一括管理システム）」の構築が吉田氏にとって初めてのDXだったという。

AGC 株式会社
https://www.agc.com

AGCでは、前述した通り「DXの加速による競争力の強化」を掲げている。CHOPINの登場によって業務の効率は飛躍的にアップしたが、それだけに留まらず、AGCで働くすべての人材のエンゲージメントを高めるキッカケにしたいという想いで、本社のDX企画部門も精力的に活動を展開していると吉田氏は語る。

DX推進に立ちはだかる〝理解の壁〟

製造現場におけるプラントの運転データや品質管理、技術のノウハウなどを一元管理するCHOPINだが、開発当時は苦難を味わってきた経緯もある。DXという前例のない取り組みを行うには、企業としても決裁判断がつきにくい現状もある。特に2000年代のデジタル化もそうだったが、デジタルやITといった技術はすぐに利益を生むものではない。そういった状況もあり「どれだけ利益が出せる？」といった質問が多かったと吉田氏は振り返る。正直に「すぐに利益は出せません」と返答すると、当然誰も納得してくれない。「それってやる意味あるの？」と厳しい指摘を受けたことすらあったという。これが、DX推進に立ちはだかる、いわゆる〝理解の壁〟だ。

そんな吉田氏の取り組みを理解し、支えてくれたのが直属の上司と、当時のCTO（現CEO）平井良典氏だった。直属の上司は、吉田氏に対して「AGCの新しいシステムづくりに貢献してほしい。新しいことに積極的にチャレンジしてほしい」と熱いエールを送り続けた。また、CHOPINの開発・導入における過程でつらい思いをしていたとき、平井氏から掛けられた言葉でいまでも忘れられないものがあるという。「DXをやって、いくら儲かる？という質問は、インターネットを入れていくら儲かる？という質問と一緒だよ」という一言だ。確かに、いまインターネットを使っていない企業は存在していない。むしろなければビジネスそのものが成り立たない。表現しづらかった自分の想いを当時のCTOから掛けて貰えた。この一言が吉田氏の大きな原動力となり、DX推進に対するやりがいを感じるようになった瞬間だったという。

周囲の理解を得て、無事開発されたCHOPINは、同社の千葉工場に導入。一日当たり11時間以上の作業時間削減と年間数億円以上のコスト改善効果を達成し、他の部署からも展開を要望される存在となった。そして、現在ではAGCの国内化学工場すべての部署で導入され、海外への展開が進むシステムへと成長し、今日まで醸成されてきたのだ。

そして、次に吉田氏が画策しているのが、デジタルツインだ。もともとデジタルツインという技術そのものは認識しており導入したかった、と同氏は語るが、紙とペンで仕事をしている環境での導入は程遠いと断念した過去がある。ただ、現在はブラウンリバースが提供するファストデジタルツインのINTEGNANCE VRに触れ、業務で活用し始めたことで、改めて働き方を変える革新的なシステムだと実感しているという。例えば、会議でＩＮＴＥＧＮＡＮＣＥ ＶＲの画面を映し出すと、周りから「なんてスマートな仕事をしているんだ」と驚きと感嘆の声が聞こえてくる。「このツールが周囲の意識を変革する力を持っている」そう確信し、この便利なツールを国内外の拠点にも広げたいという想いを持ちながら、さらに一歩進んだＤＸの実現に向けた取り組みを続けていきたいと語る。

変化をするために、人の心に寄り添った活動を展開

ＤＸが示すのは、端的にいうと「変化」だと吉田氏は語る。同氏は「変化が好きで、これからも変化に富んだ仕事をしたい」とも語るほど、柔軟かつチャレンジ精神が豊富だ。しかし、吉田氏は同時に日本人の変化を嫌う傾向も意識している。実際に生産現場へ変化を持ち込もうとすると敬遠されがちだと実感することが少なくないからだ。生産現場のプロからすれば、自分たちに与えられた生産活動のミッションを着実にこなすのが、もっとも効率がよいことであり、その点は吉田氏も理解している。

新しいシステムやツールを導入しようとすると、生産現場で働く人々は、基本的な使い方から活用法まで新たに勉強が必要になる。さらに、使い勝手が悪いと「やりたくない」と見向きもされなくなってしまう。しかし、そこで終わらせてしまったら、ＤＸはいつま

で経っても進まない。そのため「ちょっとした変化や覚えることは大変だけど、最終的には皆さんが楽になるものです」と働きかけ続けることが重要だと吉田氏は考える。

そういった変化を嫌う人たちにも受け入れられるシステムを作る。これがDXを加速させるべく設計者に与えられた命題だ。そこで吉田氏は、2つの点を意識してシステムの浸透を図っている。

1つは「現場の声を聴き、現場の人たちが便利だと思ってくれるシステム設計をする」こと。特にCHOPINの設計や導入時は、現場の人たちが受け入れてくれることを強く意識したという。

そして2つ目は「システム活用の教育」だ。AGCでは、新システムを導入する際、少人数でワークショップのような教育を実施した上で少しずつ現場に浸透する仕組みを採用している。ついてこられない人には、補習を設けながら教育していくサポート体制も手厚い。こういった取り組みを地道に行うことが、現場の共感を得るためのポイントだと吉田氏は強調する。

ものづくりへの熱い気持ちが、必ずDXの成功に結びつく

「DXって最初は本当に大変です」。と吉田氏は語る。システムの開発はもちろんだが社

内承認を得るまでの擦り合わせ、変化を敬遠する現場に浸透させるなど、本当に障壁はいくつもあるからだ。

しかし「これらを乗り越えたあとには、必ず仕事が楽になり、会社全体がよりよい方向に進んでいける。そういう気持ちを持ち続けることが大切です」という想いも語る。さらに「ＤＸってクールな感じがしますが、最後までやり抜く。この熱い気持ちがＤＸの成功に結びつくと信じています」と締めくくった。

「また、吉田が何かやってくれるな」と、期待して待ってくれる現場であって欲しい。そう願い、その期待に応えたい。そんな熱い気持ちを持ち続け、さらなるＤＸの加速に向かって奮闘する。吉田氏の挑戦する姿は、第二第三の当事者意識を持った推進者を生み出すだろう。

ＤＸ推進は、ミドルアップダウン～リーダーの苦悩～

～コスモ石油株式会社
保全戦略・ＡＰＭグループ長　吉井 清英氏（１９９８年入社）

生産性向上とリモートワークの推進がＤＸのはじまりだった

規模の大きな企業になればなるほど、ＤＸ推進のためのシステム導入コストは莫大なものとなる。また、実施や決裁など許可を得るまでに、何人もの承認が必要になるケースも少なくないため、時間が掛かることも課題とされている。ここでは、現場からのボトムアップですばやくＤＸを推進させた事例を紹介する。

今回お話を伺ったのは、コスモ石油株式会社（以下、コスモ石油）の保全戦略・ＡＰＭグループ長である吉井清英氏だ。コスモ石油はいうまでもなく、石油製品の精製・販売を行う大手石油元売り企業だ。石油製品によるエネルギー供給だけでなく、再生可能エネルギーの供給事業にも尽力するなど、自然環境にやさしいエネルギーの供給に対する取り組みにも精力的な企業である。

吉井氏は、約20年という長い現場経験を持つ保全業務のエキスパートでありながら、現在は本社にて保全のDXを推進し、製油所の保全現場を支援する立場として業務に携わっている。

コスモ石油が、急速なDXに舵を切ったのは、2018～2022年度の中期経営計画において製油所の稼働率が課題として挙げられたことにある。不具合による計画外停止を低減させるため、設備の信頼性を向上させ、稼働率の改善を図るためにAPM（Asset Performance Management）を導入し、製油所の設備保全データや予測されるリスク評価を強化するための施策を実施。その成果として、製油所稼働率の向上に成功した。その次の取り組みとしてブラウンリバースのINTEGNANCE VRによるデジタルツインの導入を推進している。

同社がINTEGNANCE VRを導入した理由は大きく分けて2つある。1つは、労働生産年齢人口の減少対策のための生産性向上、もう1つが保全のリモートワーク実現だ。

同社の広大な製油所で設備を確認するためには、事務所から自転車を漕いで現場まで赴く必要があり、場所によっては往復で30分～1時間かかるということも珍しくない。加えて、現場には危険な箇所も多く、階段やラダーからの転落リスクもある。仮想空間の活用によりそういった時間の無駄とリスクの軽減を図ることで生産性の向上を狙う。

そして、２０２０年からのコロナ禍によってリモートワークが浸透していく中、製油所の現場は工事計画や検査計画の担当をはじめ、現場の施工管理や安全管理など、出勤しなければこなせない業務が多く、課題となっていた。その状況を打破したいという想いも、デジタルツインを導入したキッカケになったという。また、将来を担うデジタルネイティブ世代が会社を選んでくれるような、最先端の働き方を構築していく目論見もある。

さらに、蒸留塔のような高所に登って行う危険かつ体力的に厳しい仕事の軽減、育児時短勤務期間などでも自宅から保全の計画業務ができるなど、老若男女問わず、誰もが自身の保全知識とスキルを活かして活躍し続けられる環境を作りたいと吉井氏は語る。

拠点間でＤＸの効果を共有することで課題解決と意思決定の迅速化につなげる

製造現場などに新たなシステムを導入する場合、現場に浸透させるのはもちろんだが、仕事のやり方そのものを変革するため、経営層を含めた企業の上層部の決裁は必要不可欠だ。コストや運用までの期間などさまざまな課題に悩む企業やＤＸ担当者は多い。その点、コスモ石油ではどうだったのだろう。

コスモエネルギーホールディングス株式会社
https://www.cosmo-energy.co.jp

その点について吉井氏は「弊社のルゾンカ 典子ＣＤＯとＤＸチームから積極的に支援を得ました。デジタルツインに関しては、２０２３年度からＰｏＣ（Proof of Concept＝概念実証）を行い、２０２４年度から本格導入を検討していましたが、迅速な経営判断で投資予算を得られたおかげで、10カ月ほど前倒して導入が進みました」と語る。経営陣が迅速な判断を行えた理由を伺うと「経営層は本来、現場の細かい業務を事細かに把握しているものではないので、感覚や温度感を理解してもらうために、定量化することが重要です。作業効率化に関しては現場にヒアリングを行い、実際に係る時間とデジタルツイン導入後の作業時間の差分を小さいものまですべて積上げることで具体的にし、±30％の精度でも定量化を行うことで経営判断につながりました。」と語る。

吉井氏が手掛けたデジタルツインに関するプロジェクトで大切にしたのは「ソリューションありきではなく、ユースケースありき」という点だ。全国の拠点に何度も赴き、さまざまなツールやソリューションを紹介するとともに、現場の困りごとを何度も丁寧にヒアリングする。付加価値の高いクリエイティブな仕事に時間を割くためにも、現場の既存の仕事観を塗り替えたい、その解決策としてデジタルツインを活用することで、それが実現できると吉井氏は考えた。そして、地道な活動の末に、「デジタルツインが必要」という現場の結論を引き出した。その現場の声を反映して選択されたツールがＩＮＴＥＧＮＡ

NCE VRだ。

現場の声をDX推進の原動力にする。ボトムアップによるDXがカタチになったのだ。順調な取り組みにもみえるが苦労はなかったのだろうか。吉井氏は「生みの苦しみの部分で苦労があり、やってみて分かることが本当に多いです」と語る。これは、デジタルツインに限った話ではないが、データの作成や投入など、実務を行っていく上で想定以上の労力が必要になることもある。製油所のあらゆるデータがつながった先に、吉井氏が実現したい未来が待っているのだ。

コスモ石油の拠点連携の具体的施策についても話を伺った。同社では、3拠点（千葉、四日市、堺）の各製油所長と担当役員を含めた対面の報告会を毎月実施しているという。システムの導入状況や稼働状況を報告しながら、現場とのコミュニケーションや各拠点の成果をPRすることも兼ねている。また、各拠点がシステムを活用したことによる効果を費用換算することで経営へのインパクトを可視化するといった取り組みも行われている。この取り組みによって、各製油所が抱えていた課題の改善効果や頑張りが目に見えるものとなる。

吉井氏によると、各拠点とも実際は試行錯誤しながら運用しているが、実際に数字が改善しているということが可視化されれば、当該する製油所長にも「やはりデジタルツールは必要」と理解される。製油所長に対して、改善効果や現場の人たちの働きを数値化・定量化して明示し、理解されれば、現場で働く人たちも自分が会社の収益にどれだけ貢献しているか実感できるようになり、結果的に自信にもつながる。反対に、課題点が浮き上がったときも製油所長との対話の場で逐次共有しているので、改善アクションにつなげやすい。ただツールを導入するだけでなく、導入後の効果を経営・現場の相互で確認し合い、そして定量化することで経営者が意思決定を迅速にできるように活かす。そういったマネジメント側のサポートもＤＸには必要不可欠といえるだろう。

現場が自発的にシステムの利便性と必要性に気付く取り組みに注力

いくら優れたツールでも、現場がその利便性や優位性をしっかりと感じ取らなければ使われなくなってしまうリスクが生じる。吉井氏が旗振り役となり導入を行ったＩＮＴＥＧＮＡＮＣＥ ＶＲは、長期に渡って吉井氏が積み重ねた、きめ細やかな現場ヒアリングとワークショップの効果もあり、概ね順調に受け入れられ、業務の効率化に一役買っている。では、ＤＸの一環として導入した同システムの運営体制はどうなっているのだろう。

「保全業務を機能的に〝攻め〟と〝守り〟の2チームに分けて運営しています」と吉井氏は語る。攻めのチームは中期経営計画の立案や現場の保全ＤＸを担うチーム。対して守りのチームは、プラント業界の関係者がイメージするような一般的な保全チームであり、トラブル発生時の保全対応やその予算管理など、製油所の操業に関する全般をサポートする業務に当たっている。チームを2つに分けた狙いは、攻めと守りを同じ従業員に兼務させると、日常業務が手いっぱいになった際、どうしても業務が守りにシフトしてしまうと想定されるため。そのため「攻めは攻め、守りは守り」といった具合に、しっかりと組織的に役割分担をしておくことが重要と考えている。

コスモ石油のDXは順調に運営されているように思えるが、一筋縄に行かないこともあるという。INTEGNANCE VRをはじめとする新たなシステムは、現場の声を活かして導入したとはいえ「いままでのやり方の方がよい」と考える従業員が一定数いるのも事実で、現状はまだまだ変革の過渡期といえる。そこで、吉井氏は「2:6:2の法則（※パナソニックホールディングスの故松下幸之助氏が提唱した法則。人間が集団を形成した場合、上位2割：ハイパフォーマー、中位6割：ノーマル、下位2割：ローパフォーマーの比率になる法則）に基づいた巻き込みのアプローチを試みているという。具体的には、上位2割はとにかく新しいことに積極的に取り組む層であるため最優先で巻き込む。次に中位6割は、「便利だったら使おうかな」というスタンスでどちらにも転ぶため利便性などをアナウンスして巻き込む。そして下位2割は恐らく反対派で一筋縄にはいかないと考えられる。

この法則を踏まえて、各製油所に設置したのが「チェンジエージェント」と呼ばれる変革を推進する人材だ。このチェンジエージェントは、例えばデジタルツインといったシステムごとに任命し、製油所の中で、そのシステムを広めるためのインフルエンサーの役割を担っている。教育用のパッケージを展開したり、システムの使い方を説明したり、といった具合に、そのシステムの活用を発信し続けることが求められている。もちろん吉井氏をはじめとした本社のＤＸチームもチェンジエージェントを支えるが、本社のＤＸ担当がシステムやツールの利便性を説くのではなく、現場で働く従業員であるチェンジエージェントが「このシステムやツールを絶対使うべきだ」と積極的に発信して、ツールやシステムの利用が現場で続けられる状況になるのが理想としている。新たなシステムの利用に対するモチベーションは、導入後から少しずつ下がっていく傾向にあるが、それは機能を使い切れていなかったり、知らなかったりすることがほとんど。チェンジエージェントによって、システムの活用が広がることで最終的に業務の効率や利便性が上がったと現場に理解してもらえれば、そのシステムは広まっていくという思想だ。チェンジエージェントの任命には、年齢やスキルで制限を設けておらず、チェンジエージェント同士でも業務改善について活発に議論している。

最終的にはすべての拠点で同じ業務プロセスにしたいと吉井氏は語る。製油所間で人事の異動があったとしても、どこに行っても同じツール、同じ業務プロセスで技術者が働ける環境づくりを意識してのことだ。

石油精製プラント業界全体で情報共有。それがグローバルとの競争力を高めるチカラに

最後に、ボトムアップによるＤＸのカタチを完成させ、社内に広く浸透させる取り組みにも精力的な吉井氏に同じプラント業界に関わる方々へのメッセージを伺った。

「石油業界の視点でいえば、同業他社の方々はライバルといった位置付けになります。しかし、我々は日本の企業としてグローバルと戦っていかなければなりません。日本という、１つのチームとしてグローバルと渡り合って行きたいです。そして、それぞれの企業がそのよさを共有して一緒に業界を底上げできていければと願っています。それが結果的に競争力につながってグローバルと戦える状態になるのではないかと考えています。

ＤＸのためのシステムやツールにはさまざまなものがありますが、それらが統一できていたりユースケースの情報を互いに共有できたりすればうれしいですね。両者がＷｉｎ－Ｗｉｎで切磋琢磨できる環境になりますし、それが結果的に競争力につながってグローバルと戦える状態になるのではないかと思っています」と吉井氏はＤＸにより業界全体が底

上げできることへの期待を語った。

働く企業は違えども、石油精製プラント業界における日本の競争力を高めたい。そんな熱い気持ちこそ、吉井氏がＤＸに情熱を注ぐ原動力であり、周囲の意識を変え変革の中心として活躍している理由だろう。

保安4法とデジタルの歩み寄り ～法規の壁～

～危険物保安技術協会（ＫＨＫ）企画部長　杉山章氏

法規を縁の下から支える危険物保安技術協会の成り立ちと役割

石油をはじめ化学品を扱うプラントで事故が発生すると、現場で働く従業員に危害が加わる可能性が高く、さらにプラントの長期停止に伴う生産性の低下など損失が甚大になることもある。石油化学工業がＤＸを推進していくためには、生産性の向上だけでなく、事故を未然に防ぐための日常的な補修はもちろん定期修理といった大規模なメンテナンスの効率化も視野に入れておくことが重要だ。ここでは、石油化学工業がＤＸを推進していくにあたって順守すべき保安に関する法規と、それに対するデジタルとの親和性に対して、専門家に伺った。

今回、プラントの保安に関する法規とデジタルの歩み寄りについてお話を伺うのは、危険物保安技術協会(以下、ＫＨＫ)の杉山章氏だ。ＫＨＫの発足経緯は、昭和49年(１９７４年）にまで遡る。大型石油タンクで大規模な重油漏洩が発生し、瀬戸内海を汚染する重大な保安事故が発生。当時は、10万klの大型の石油タンクと家庭用ボイラーのタンクの設計基準が変わらなかったという。消防法においてタンクの保安基準は規定されていたものの、全国の消防職員でタンクの検査をできる人材がいなかったため、消防庁の管轄組織としてＫＨＫが発足したのである。

現在のＫＨＫは、容量が１０００kl以上の屋外タンク貯蔵所の保安検査や溶接部の審査などが基幹業務であり、他にはガソリンの携行缶やガソリンスタンドにある計量器の規格評価なども行っているという。杉山氏が所属する企画部では、主に消防法の法案改正に関する事前調査や報告、民間から受託した共同研究や各種調査・研究といった業務を担っており、法規を縁の下から支える組織といえるだろう。

デジタルと保安４法、それぞれの歩み寄りがＤＸの推進力に

国内における保安事故件数は、平成6年に底を打って以来増加傾向にあり、約2倍まで増えている。その要因として杉山氏は、設備の高経年化と、いわゆる２００７年問題といわれる熟練した団塊世代のオペレータの大量退職を挙げている。この保安事故の増加傾向は深く問題視され、平成26年（２０１４

危険物保安技術協会（KHK）
https://www.khk-syoubou.or.jp/

年）に保安4法（消防法、高圧ガス保安法、労働安全衛生法、石油コンビナート等災害防止法）をつかさどる3省庁（経済産業省、総務省、厚生労働省）で「石油コンビナート等における災害防止対策検討関係省庁連絡会議」を発足。それまで3省庁がバラバラに運営していた保安4法に統一性を持たせ、当時の政府が示していたデジタル技術や新技術で安全を確保するといった方針に沿った対策などを行った。

技術が発達しDX推進が叫ばれるいま、IT機器・デバイスを活用することで高所・難所の確認などが効率的に行えるようになり、かつてよりは現場もその利便性と効率のよさを受け入れる風潮が醸成されている。しかし、例えば「化学プラントでドローンを飛ばす」、という規制緩和をするにしても、3省庁がそれぞれ、自省庁で運営している法規の視点・立場から主張を行うため、なかなか規制緩和が進まないという課題があった。まさに〝法規の壁〟である。

そういった停滞を招く状況を打破するため、政府は規制緩和に向けた研究をするように3省庁に通達。結果、3省庁による連絡会議が開かれ、DX推進を加速させることになる。

デジタルと法規、時代に合わせて双方が歩み寄りを始めた結果が、今日のDXに大きく貢献しているのである。

危険物施設における火災事故・流出事故の発生件数及び危険物施設数の推移

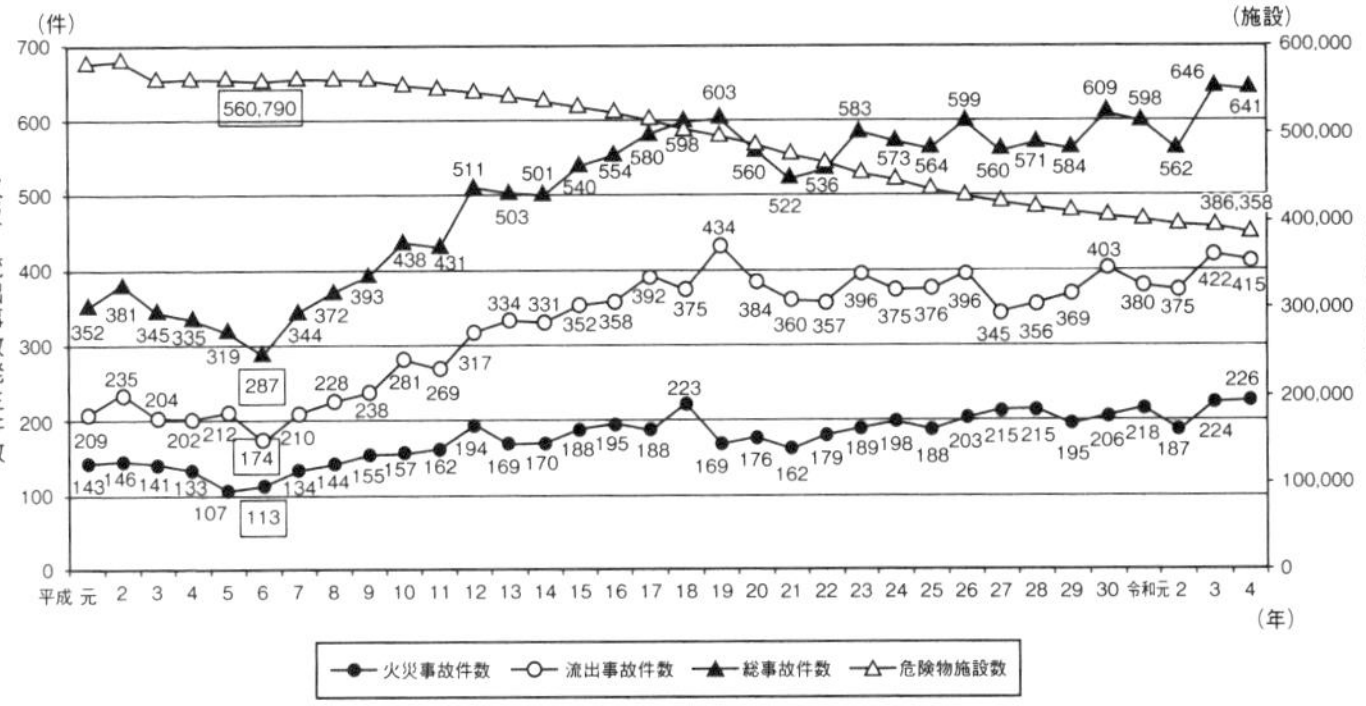

(注) 事故発生件数の年別傾向を把握するために、震度6弱以上（平成8年9月以前は震度6以上）の地震により発生した件数を除いている。

総務省が令和５年５月に公表した「令和４年中の危険物に係る事故の概要」の「危険物施設における火災事故・流出事故の発生件数及び危険物施設数の推移」より参照

デジタルツインで大切な従業員、最前線で活動する消防隊の命を守る

3省庁による連絡会議を受けて法規の壁も薄れ、本格的なDX時代へと変貌しつつある。

では、行政はデジタルツインをどう見ているのだろうか。杉山氏は「デジタルツインという3Dベースのプラント情報管理が当たり前の世の中になって、どこに何があるか？といった場所的な情報は即時に引き出せるようになると考えています。そのような環境になったとき、プラントの検査や申請事項などの在り方も変わっていくと期待しています」と語る。

実際、KHKもデジタルツインの利便性に着目し、プラントをまるごと仮想化する独自の「VR構内図」を開発している。しかし、VR構内図は消防防災に重きを置いた行政目

線で作られたシステムであり、民間事業者目線では開発されていないものだと補足する。例えば、行政担当者が理解しやすいように、これまで平面で表現されていたものに立体感を加え、消火栓の位置をプロットしておくといった具合だ。従来と比べれば、民間事業者にとっても便利なシステムになっている反面、なかなか防災だけを目的にVR構内図のような高額なデジタルツインを導入する企業は少ないと杉山氏は推測する。プラントを操業している企業は、日常の操業管理やメンテナンス、設備管理など、日々使えるものでなければ導入の動機付けにはならず、いつ発生するか分からない災害対策のシステム化は、優先順位としては低くなるのは、現実問題としてありがちな話である。

そういった点を踏まえると、杉山氏はINTEGNANCE VRのような民間事業者向けのシステムに、災害対策のタイミングが現れたら防災モードに切り替わるような機能が備わっているのが理想だと語る。消火栓やその配管も、法規によって設置が義務付けられているが、プラントの安定操業やメンテナンスが十分に行われていれば、火災のリスクは低く、消防設備の維持・管理コストを抑えられるなら抑えたい、という本音はどの企業も抱いているだろう。しかし、ひとたび火災が発生したら黒煙で視界がふさがるため、どの消火栓が一番近いか？　どこの消火栓を使えば有効か？という必要な情報が得られにくくなる。このような緊急事態では、既存の2D図面だけで対策を講じるのは難しい。

万が一の事態に備え、防災モードを搭載したデジタルツインを災害対策本部に設置するのが好ましいと杉山氏は提言する。消火栓の位置や通路の位置がビジュアル的に把握できれば、消防隊の侵入経路を計画しやすいばかりではなく、緊迫した状況下でもすばやく正確な意思決定が行える。結果として、従業員や最前線で対応する消防隊の命を守ることにもつながるのだ。

官庁申請業務のスマート化に期待が高まる

プラントの操業や防災といった現場の目線だけでなく、デジタルツインは官庁申請業務にも一役買うのではないかと杉山氏は考える。官庁申請業務は、企業の担当者が申請書を携えて官公庁に出向いて行うのが一般的だ。モノを作って利益を得るプラントの操業とは異なり、申請業務は利益を生まない。加えて担当者が費やす移動時間、官公庁の対応時間を気にしながら業務を行う必要があることから、できるだけ簡素化したい業務といえるだろう。しかし、法的には必要な業務である。

また、企業と消防の双方が申請の意図を理解していれば法的に問題ないが、消防の理解を得るために設計者や工事担当者が作成した図面を申請者が消防用にアレンジするといった二重業務が行われているケースもあるかもしれない。そういった情報のカバーリングとして、デジタルツインに設計や工事の意図を落とし込むことができれば、申請用資料として活用できるだろうと杉山氏は推測する。その背景には、消防保安の世界においてデジタル化の機運が高まっていることがある。スマートフォンやタブレットなどのスマート機器を用いた「スマート保安」に対する取り組みは、以前から行われていた。例えば、消防保安における検査項目として、目視による報告以外は認めていない指導を行うケースが過去にはあったが、現に目視できない部分は、超音波やX線を活用した検査技術の利用にシフトした事例が挙げられる。そして、コロナ禍を境に、対面業務の制限が加えられたことによって、スマート機器を活用した技術へシフトする官庁申請業務のデジタル化などが急速に進んだのである。

「デジタルツインは、災害対応のために留まらず、申請業務などを含めて行政側でも多くのシーンで利用できると考えています。しかし、KHKとしては日常操業の知識やノウハウは持ち合わせていません。そういった知識を持ち合わせている民間事業者と歩調を合わせ、皆が役立つ事業の促進につなげていきたいです」と、杉山氏はデジタルツインが作る未来に期待を込める。

その先には〝法規の壁〟を乗り越えてよりDXを加速させ、民間事業者と行政機関がスムーズに連携しながら、業務効率化を実現する未来が訪れるだろう。

第5章

石油化学工業の当たり前をちゃぶ台返し

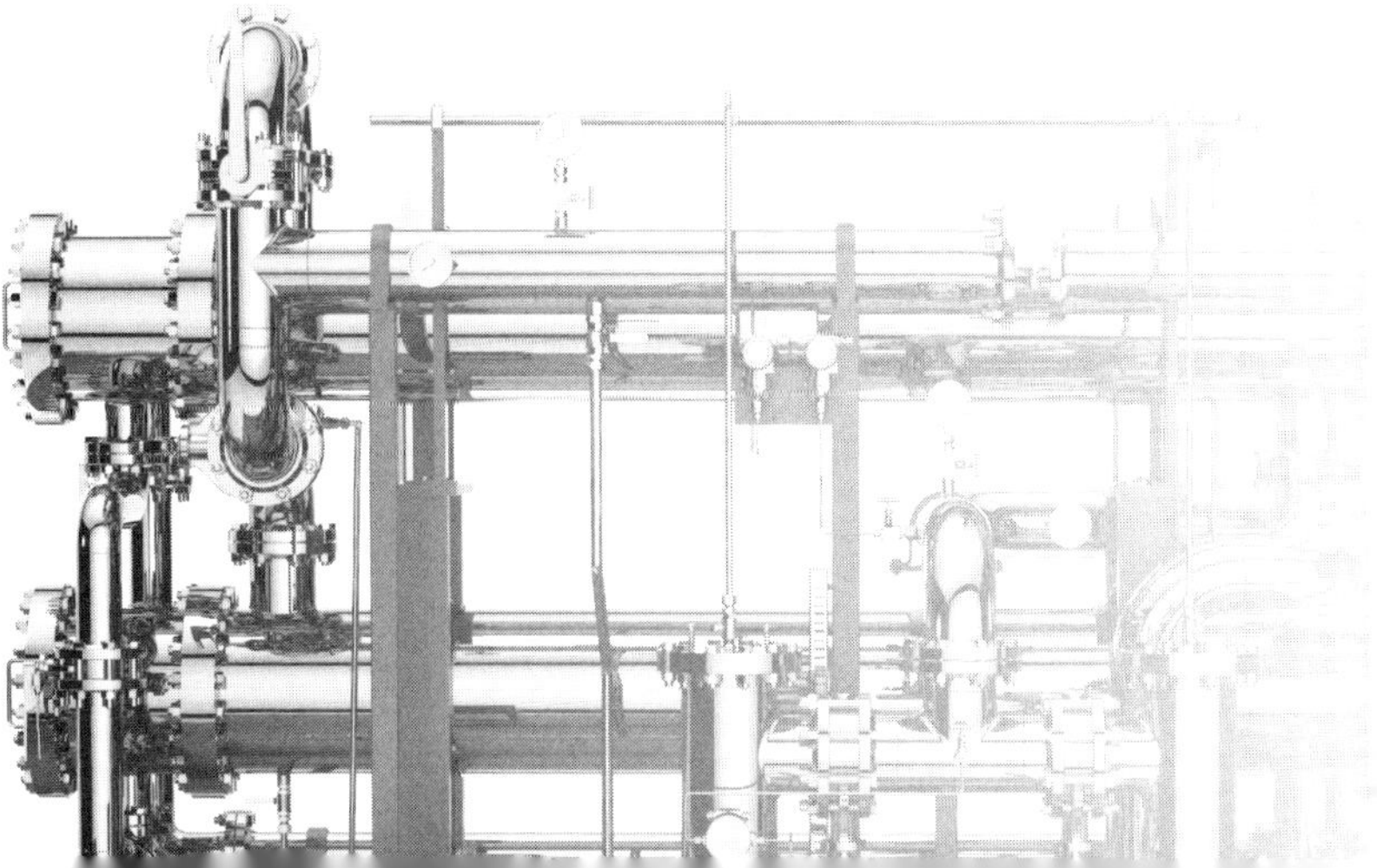

高度経済成長の屋台骨として日本経済をけん引してきた石油化学工業は、長年培ってきた技術を現代のものづくりに活かしながら、機密性と安全性が重視される業界で独自文化を形成し、そして自律した進化を遂げてきた。社会全体がＤＸという新たな局面を迎えたいま、高度経済成長期から醸成され「神格化」された仕事観は、時間と共に盲目的となりやがて形骸化する恐れがある。当事者自らが考え工夫していく機会を見逃してしまうリスクをはらんでいるのだ。

そこで、本章では現在の石油化学工業で「当たり前」とされている作法をあえてご破算にする「ちゃぶ台返し」をして、ＤＸの向こう側にある未来像を見ていくことにしよう。

現場は時間と地理的制約から解放される〝シン・三現主義〟へ

石油化学工業で築き上げられた仕事観の１つに「絶対的三現主義」があることを第１章で言及した。実際に「現場」で「現物」を観察して、「現実」を認識した上で問題を解決するといった考え方が脈々と受け継がれ、数十年に渡ってプラントを操業し続けてきた事実がある。自分の目で見たものを信じるといった現場のポリシーが、関係者全員を現場に集め、同じものを見て、作業認識を合わせる。しかし、対面が当たり前だった現場認識の擦り合わせは、オンラインでも可能な場合もあることにコロナ禍を経て気付かされた。三現主義が必要条件ではあっても十分条件ではないことを身をもって体感し、絶対的三現主義に柔軟性という副産物がもたらされた。

とはいえ、どんなに技術が発展してロボットが現場の日常的な労働力として計上されるようになったとしても、現実に製造設備がある限り、リアル、現場の作業はなくならない。つまり三現主義は依然として有効ではある一方で、新たに採用するツールやロボットの特徴を鑑みて三現主義を再定義する必要がある。ちゃぶ台をひっくり返すほどのご破算レベルではないが、茶わんを並び替えるくらいの整理が必要な時期にきているということだ。

三現主義を再定義するということは、時間的、地理的な制約が必須かどうかの再評価と、必須である場合に誰（何）に時間的・地理的な制約をかけるか（逆に誰を時間的・地理的な制約から解放するか）を決めていくことに他ならない。現場と現場従業員でしか成立しなかったフィールド業務を、オンラインツール、仮想空間にあるデジタルツイン、ドローンやロボットといった代替ツールを動員させることで、必ずしも現場従業員が時間的・地理的制約を受けなければならない環境から少しずつ解放させていくのだ。三現主義を再定義するというこの作業も、デジタルツイン構築同様、一足飛びにできることではない。目の前のできることから1つひとつ小さく試して、うまくいったら範囲を広げてみる、といったトライアンドエラーを繰り返していく、まさにDXが「ドロクサイ」と意訳されるように地道な取り組みの積み重ねである。そして、取り組みの積み重ねた先のそう遠くはない将来に「これがシン・三現主義か」と進化を自覚するときが訪れるのである。

三現主義で時間的・地理的な制約があること以外に、安全規制法規の中で操業していることにも触れておこう。これは制限されることではなく遵守することであり、当然ちゃぶ台をひっくり返すような話ではない。茶わんを並べ替えるでもなく、ちゃぶ台を広げておかずを増やし、ヘルシーな食べ方を実践するための準備について言及する。

リスクベースとDXの組み合わせで高度な自主保安を支援

石油やガス、化学品など可燃性や爆発性の高い物質を扱うプラントは、大きな危険と隣り合わせで操業を行っていくからこそ、法規を順守し徹底的な安全対策が求められる。今日までの石油化学工業の発展も、プラントを保有する各企業が法に則り厳格な安全・保安基準を満たして操業を続けてきたことが寄与しているのはいうまでもない。プラントの安全を守る法規は、高度経済成長期に施行されたものが多い。その法体系は、事故や問題が発生した経験をもとに必要な安全対策を整備する形で法が見直され改正を重ねてきたもので、一様な安全対策を求める「仕様規制型」と呼ばれるものである。かつておおよそ同じ種別のプロセスプラントが主体であった時代には非常に効果を発揮してきた法体系になっている。しかし高度経済成長期に比べて、持続可能な社会のための技術発展による新規プロセスプラントやＤＸ推進に伴う新技術導入の際には、この一様な安全対策を求める法規制型では判断が難しかったり、対応が遅くなったりする可能性が高まってきている。これは、ＤＸ推進が叫ばれる現代において安全対策への有効活用が進まない要因の１つともいわれている。

石油化学工業では、これまでの仕様規制型に加えて、リスクの高いところに適切なリソースを割く「リスクベースアプローチ」という取り組みを図ることによって、安全性を向上させる自主保安も推奨されてきている。一般的に、ＤＸ推進によるデジタルツインやツールの活用は、業務時間の短縮や業務最適化を図ることが主目的とされることが多いが、デジタルツインを活用して従業員が現場に出向く回数を減らしたり、高所・狭所など目視が難しい箇所へドローンを飛ばして点検したりすることは、現場の従業員を守るためのリスク低減策と呼べるだろう。こうした代替ツールは使い方によってはリスクベースアプローチの肝となるリスクに基づくマネジメント判断のサポートなどで、安全性を向上させることにも活用できる。

しかし、リスクの高いところに適切なリソースを割くという判断は、簡単そうでありながら実践は非常に難しい。現場のどこにどんなリスクが潜んでいるか？リスクのある箇所にどれだけの人員を割くのか？新技術に投資するのか？そういった判断を的確に下すためのリスクプロファイルはしっかりと精査した上で作成する必要がある。しばしば散見されるのは、せっかく構築したリスクプロファイルがEXCELなどの表計算ソフトにためられて参照しにくいまま置かれているケースだ。構築したリスクプロファイルは、カラーコーディングしデジタルツインの装置上にマッピングすれば、適切なリソース配分をまさに「リスクベース」でマネジメント判断できるようになるはずである。別の切り口では、SDGsやDXによって社会が変革を向かえ、変革のスピードも加速している現代、新しいジャンルの技術は従来の仕様規制型の枠組みのままでは対策が難しいリスクが潜んでいる可能性もある。未知のリスクに対して予測を先行して打ち出していく必要性は増しており、リスクベースアプローチによる自主保安の重要性はより高まってきている。また、プラントを実際に操業している現場従業員も危険性や安全性を熟知し、意識も高く持っていることは間違いないものの、前述してきた現場ベテラン従業員の高齢化により技術継承が難しくなる課題が、プラントの安全性確保へも影を落としている。「リスクベースアプローチ」×「DX推進」による自主保安は、現場が蓄積してきた安全技術をリスクシナリオとして

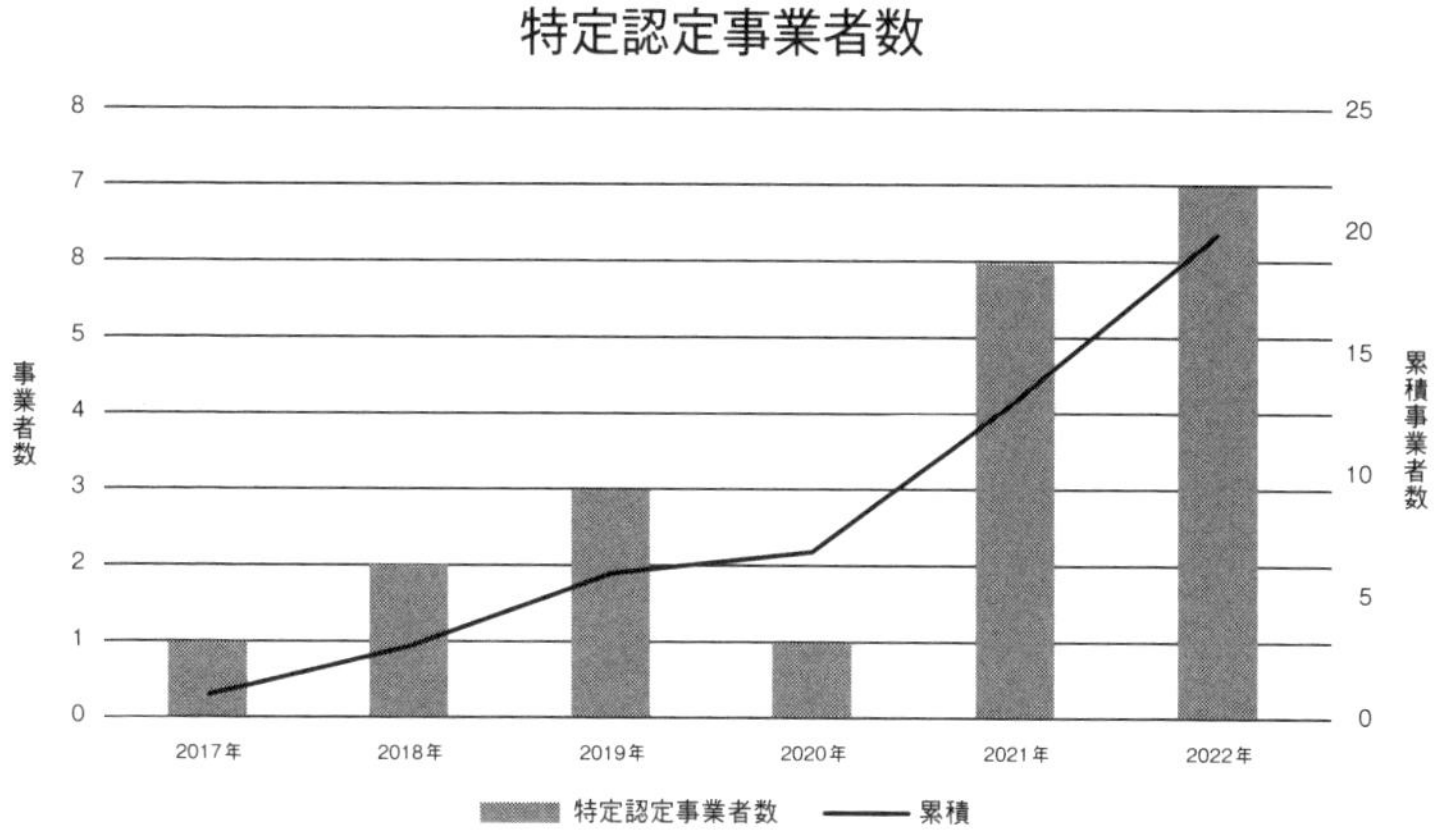

※特定認定事業者とは、認定完成検査実施者または認定保安検査実施者で、高圧ガス保安法施行令第10条ただし書に規定する経済産業大臣の認定に定める基準に適合していると経済産業大臣に認定された者を表す。当該制度の活用により、事業者の能力に応じて規制が合理化されることにより、自由度を高めることなり、国際的な競争力強化にもつながると期待されている。

明文化する側面もあり、次世代への技術継承問題の解決にも寄与するものだ。

安全規制法規を遵守する上で、知っておくべきこと

石油化学工業の安全を守る法規には、代表的なものだけでも高圧ガス保安法や消防法、さらにはガス事業者法、電磁事業者法など適用される業種によってさまざまなものが存在している。とりわけ、常温で1MPa以上の圧力を持つ高圧ガスの製造や貯蔵、販売などに関する規制を行う高圧ガス保安法は、石油化学工業における法規の中でも、高い安全規制が設けられている法律といえるだろう。そのため、高圧ガス保安法に則り操業されているプラントは、法規

面においてもっとも厳格に運用されており、事故のリスクも低減されているといえる。

この高圧ガス保安法を例にグローバルな視点も取り入れながら、日本の石油化学工業における法規について考察しよう。安全規制法規には、大きく分けて前述した「仕様規制型」と「リスクベース型」の2つに分類することが可能だ。

日本の法規は仕様規制型であり、高圧ガス保安法であれば、保安距離のような「最低限これだけは設けましょう」「こういうふうにしなさい」といった具合に規制を設ける。それに対し海外で主流となっているリスクベース型は、事故による死傷者が発生する可能性などのリスクを一定の発生確率まで落とすよう数値で規制するものとなっている。そのため、リスクベース型の法規が適用される海外では、どこにリスクがあるか自社で種々のリスクアセスメント法を駆使しリスクプロファイルを構築し、そのリスクを低減するようにコントロールすることが求められる。つまり、日本の法規よりも、海外は事業者が自己責任においてリスクを管理することが求められるのだ。逆にいえば、ある程度柔軟に自主保安として基準を運用できる傾向があるともいえる。

しかし、どちらの法規体制にも一長一短がある。仕様規制型の法規は、法律によってプラントの設計や運用体制などがしっかり定められているため、適用される事業者の規模や保有する安全技術に依らず、一貫性を持った保全管理が行えるといった一面を持つ。それに対し、リスクベース型の法規に沿ったプラント操業は、事業者のリスクアセスメントのクオリティが安全面を左右することにもなる。不慣れなスタッフが作成した間違ったリスクプロファイルのもと、安全だと信じ込んで操業を続けてしまうケースも起こりかねない。そういったリスクを回避するための人材管理（コンピテンシーマネジメント）や第三者機関による妥当性証明などの負担が事業者に大きくのしかかる場合もあるのだ。

日本の石油化学工業における法規も、いま仕様規制型に加えてリスクベース型の自主保安を行うように変えていこうとする機運が高まり始めている。背景には、２０１１年に発生した東日本大震災を受けてのいくつかの大きな事故がある。また前述のとおり、温暖化対策やＳＤＧｓなど世界全体のエネルギー事情が変革期を迎えていることがあり、従来のエネルギー源から可燃性領域の広い水素や毒性の強いアンモニアが代替エネルギーとして注目されていたり、資源再利用のための複雑なプロセス設備などへの投資が進んでいたりする。従来と違うリスクが内在する設備に対して、従来の仕様規制型に加えてリスクベース型自主保安で対策を補っていくことは、時代背景にも適した対応であると考えられる。

繰り返しになるが、種々のリスクアセスメントに基づいたリスクベースアプローチは、リスクアセスメントを行う人のクオリティによって最終的なマネジメント判断にまで影響を及ぼしてしまう側面を持ち合わせているため、十分なリスクアセスメント実施能力要件を持つ人材を育成していくことが社会全体として求められてくる。そのような育成と教育に関しても従来の対面型教育だけでなくeラーニングなどをベースに広く育成を行ったり、経験の浅いリスクアセスメント担当者には一般的なリスクシナリオのデータベースによる支援を行ったりしている。さらには、デジタルツインに位置情報と潜在するリスクを埋め込んだシステムによるガイドの展開など、多角的にサポートすることがＤＸ時代において、重要な取り組みとなる。

紙面に捉われない自由なものづくりがもたらすＤＸ

プラント施工のＥＰＣ（Engineering Procurement Construction）を行っていくにあたって、共通言語となるのがＰ＆ＩＤ（Piping & Instrumentation Diagram、配管計装図）だ。このＰ＆ＩＤには、配管や計装機器の接続関係とプロセス流体の制御ループ、安全装置といった安全規制法規にかかる設計思想が示されており、図面の数は数百枚にも及ぶ。その図面から寸法が入ったＣＡＤモデルを作り、資材調達などを経て建設が行われる。２Ｄから３Ｄへと進化しながら、この一連の流れはいまや世界共通の遂行プロセスとなっている。何もないところから実空間にプラントのような巨大構造物を数千数万という人を動かして

P&IDはエンジニアのバイブル

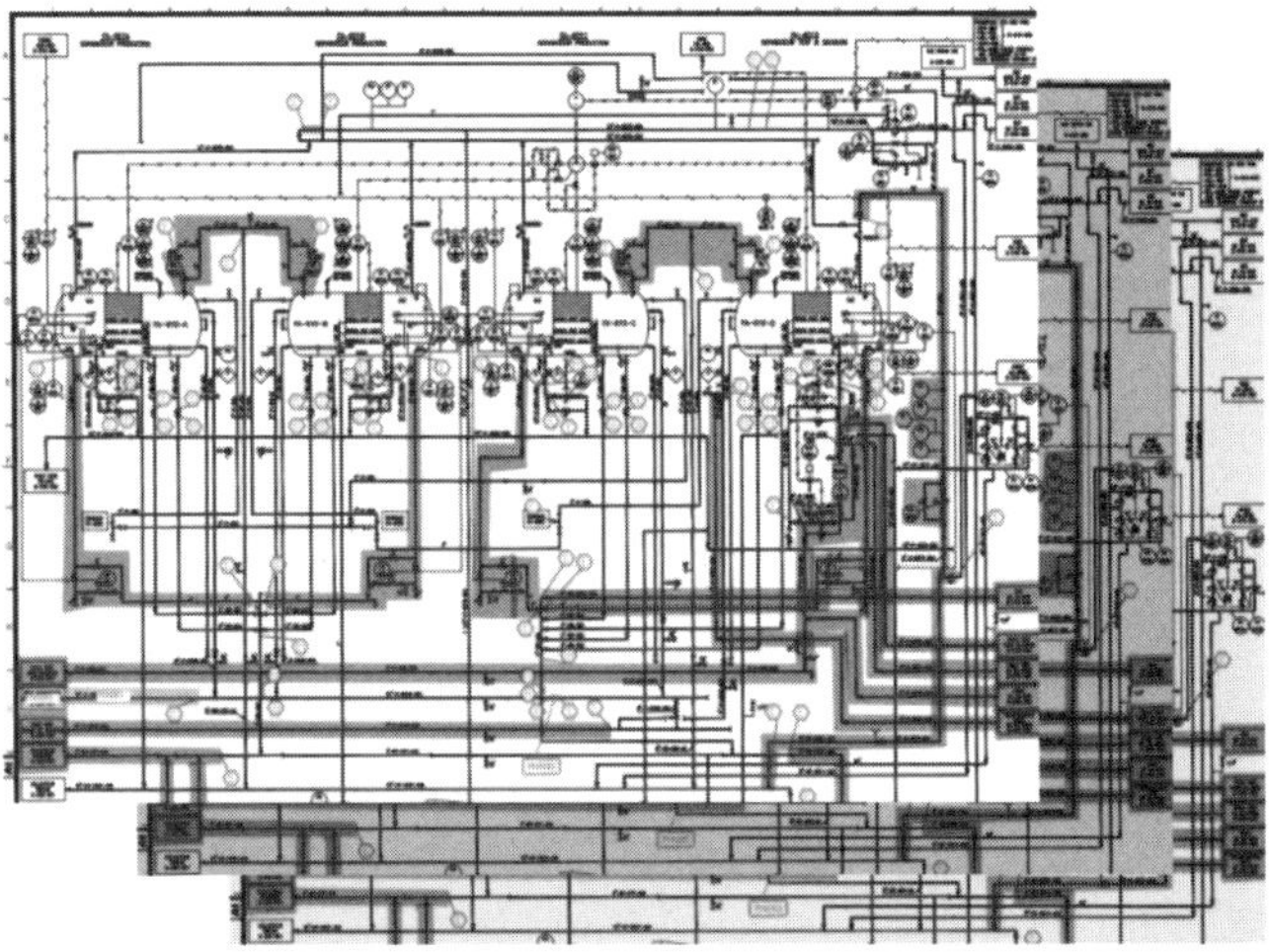

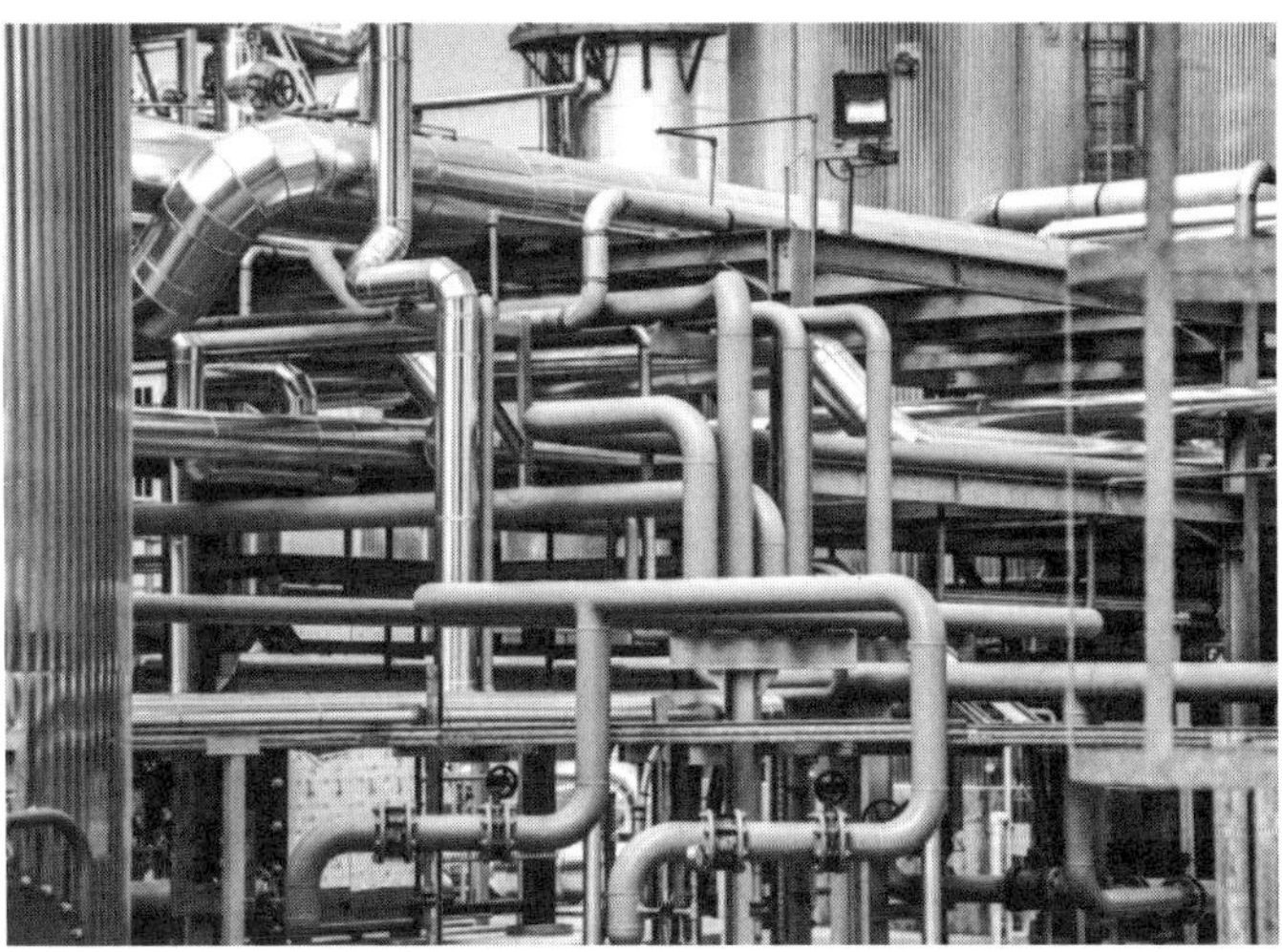

プラントは数百枚の図面によって設計され、CADで3Dモデルを作成して建設される。

作り出すために、最適化されてきた手法である。

紙ベースの設計図書に縛られている疑問

しかしここで着目したいのは、デジタルが定着しDXというステージへ移行しているいまもなお、描画スペースに限りのある紙に盲目的に縛られているという点である。現状何をしているか冷静に俯瞰してみると、寸法の入った情報を、A0やA1などのサイズの図面に縮尺して落とし込んでいくので、広大なプラントを当たり前のようにぶつ切りにして設計図書を作っている。かつて手書きだったものがCADを使うようになり、プラント全体の3Dモデルを作成したとしても最終的には二次元の図面に細分化して出力しているのだ。

例えば、P&IDを紙面のスペースに捉われず自由に描画できる無限のホワイトボードがあって、それを関係者で共有できる仕組みがあったらどうだろうか。その昔、遠方へドライブに出かけるときは、目的地までのルートを地図本で確認して頭に叩き込むか、助手席の人のナビゲーションをあてにしていた。それがいまではGoogleマップのように世界中どこでもモバイル端末で現在地と目的地までのルートを確認できるようになっている。A4程度の冊子で表現されていた地上空間が、縮尺変更自由なデジタル地球儀に置き換わったように、紙面に捉われないものづくりの発想が当たり前になれば、設計者は設計思想を紙面に収めるといった作業から解放され、無限に広がる仮想空間を使って自由なものづくりができるだろう。

さらに、仮想空間で作成された設計情報をマスターデータとすれば、紙ベースとは比較にならないほどの質と量の情報を一堂に会することが可能となる世界は容易に想像がつく。

仮想空間がもたらす3つの段階的変化

仮想空間を使った自由なものづくりがもたらすＤＸを具体的に見ていくと、次のような３つの段階的な変化がもたらされると考えられる。

①ドキュメンテーションが不要となるフェーズ
②情報の変更履歴管理が自動化されるフェーズ
③データ構造が階層構造からネットワーク構造へ変わるフェーズ

①は単純に図面や図書を紙面フォーマットに落とし込む必要がなくなることによるドキュメンテーション時間の削減である。ドキュメントがエンジニアリング業務の成果物と

DXでドキュメンテーションが不要に

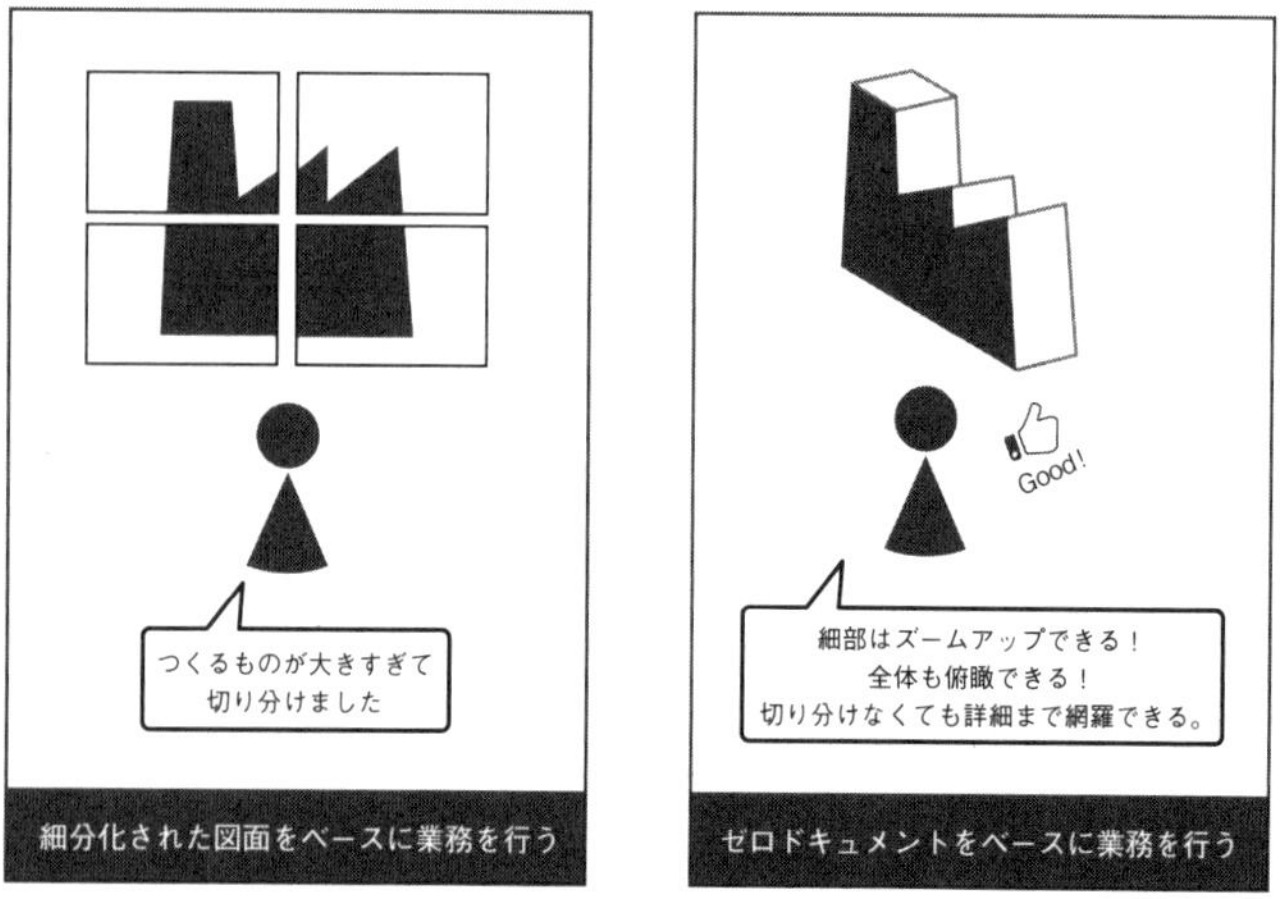
つくるものが大きすぎて
切り分けました
細分化された図面をベースに業務を行う
Good!
細部はズームアップできる！
全体も俯瞰できる！
切り分けなくても詳細まで網羅できる。
ゼロドキュメントをベースに業務を行う

仮想空間を活用したDXが進むと、図面を紙のサイズに合わせるために切り分ける必要がなくなり全体を俯瞰的に表示したりサイズをズームアップしたりできるようになる。

考える世界では、1紙面の中にどれだけの情報を盛り込むか、量、レイアウト、バランスを考えながらプラントを理路整然と何百にも切り分けることもエンジニアリングセンスの1つとみなされてきた。経験のある方には共感していただけると思うが、切り分けるときに最初に決めた境界線がプラント完成まで変わらずに遂行し続けられることはほぼない。仕様変更や工程変更によって境界線を調整することが余儀なくされ、その度に図面や図書を更新し続けることがエンジニアリングワークになっているのだ。ドキュメンテーションを通して設計意図を伝える手法は、「伝える」という本質以外の間接稼働が大きくなる面があることを認識すべきである。であればいっその

変更反映の取りこぼしを防ぐ

情報を切り分ける前に更新することで、仕様変更の反映が取りこぼしにくくなる。

ことドキュメンテーションをしない伝え方をしてみてはどうか。これがものづくりにおけるＤＸの第一歩となる「ゼロドキュメント」のフェーズだ。

プラントを切り分けて情報伝達する必要がないゼロドキュメントの世界では、変更履歴管理が劇的に楽になる。切り分けた図面で情報伝達しようとすると、切り分けたエンジニアが図面間の整合性を属人的に保とうとするため、変更反映の取りこぼしが生じやすい。そういったことが起こらないように、関連する図面を自動的に判別して同時に変更してくれたり、情報の整合性が取れていない図面を検挙したりするようなインテリジェントＰ＆ＩＤといったシステムも存在している。いや、そもそも切り分ける前に情報伝達すれば、そのような支援機能は不要となるはずだ。大量調理にお

データ構造のイメージ図

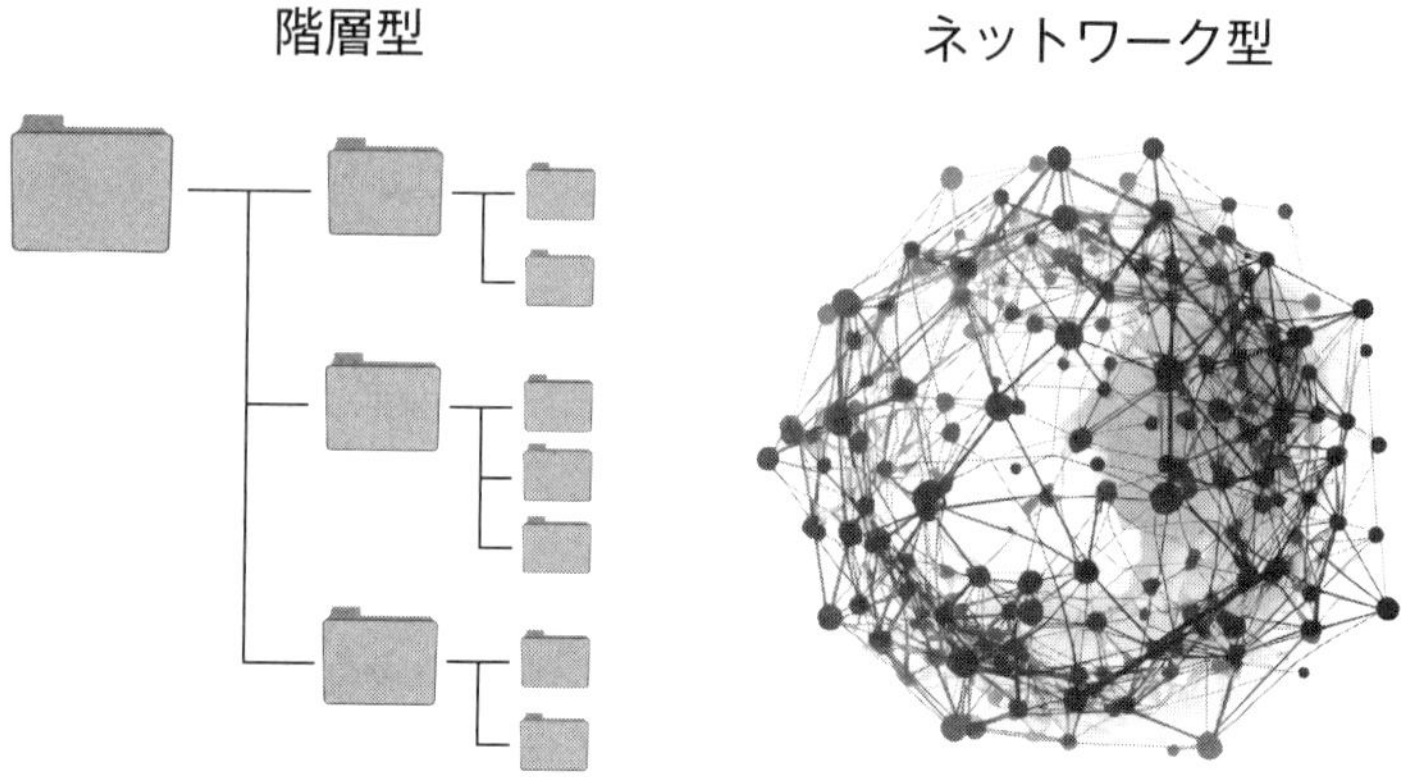

今後は従来から利用されている階層的なデータ管理ではなく、データ同士の関連性を効率的に扱えるネットワーク型のファイル管理に変わっていくことが予想されている。

いて、配膳してからプレートごとに味を調えるよりも、配膳前の寸胴鍋で調味した方が効率的なのは明らかである。ましてや、どのプレートに何の調味料をどれだけ入れたかを管理し始めたら煩雑になることは目に見えている。変更履歴管理が楽になるということは自動化のハードルも低い。②の情報の変更履歴管理自動化のフェーズが見えてくることがわかるだろう。

　プラントを切り分けてから情報伝達する場合と、切り分ける前に情報伝達する場合では情報の持ち方「データ構造」に違いが生まれることにも言及しておきたい。これまでは情報が大中小項目といったカテゴリーで定義された階層構造に収めて管理する手法が定石とされてきた。これは、一般的なファイルサーバーでファイルをフォルダ階層で分けて何回層にもドリルダウンしてデータ管理するのと似ている。この手法がきれいにワークするには、どのレイヤーにどんな情報を置くかの階層構造ルールが徹底されていて、利用者全員の頭の中に共通のピラミッドが描かれていることが前提となる。この前提が崩れると「この情報はどこに収めたらいいだろう？」「あの情報はどこに収まっているかな？」といったことに逐一悩み、結果収めた当事者にしかわからない情報収集箱になる。

一方今後の情報保持の仕方は階層構造ではなく、「グラフデータベース」と呼ばれるフラットなネットワーク構造で保持することが台頭してくるだろう。グラフデータベースは、階層的なフォルダ構造よりも情報を柔軟に管理し、複雑な関連性を効率的に扱うことができるようになる。③のデータ構造の変化こそがＤＸの源泉となる。

グラフデータベースとデジタルツイン

ネットワーク構造化されたプラントの情報を眺めていると、一定の作図ルールを当てはめればＰ＆ＩＤに変換できることに気付く。さらにいうとＰ＆ＩＤは人が理解できるようにルール化されたプラント設計思想の共通言語なので、これをグラフ理論に基づいて機械言語に翻訳すれば機械に理解させることができる。情報のコンテクストを理解した機械は、

オブジェクトをグラフ化し、マシンリーダブルに

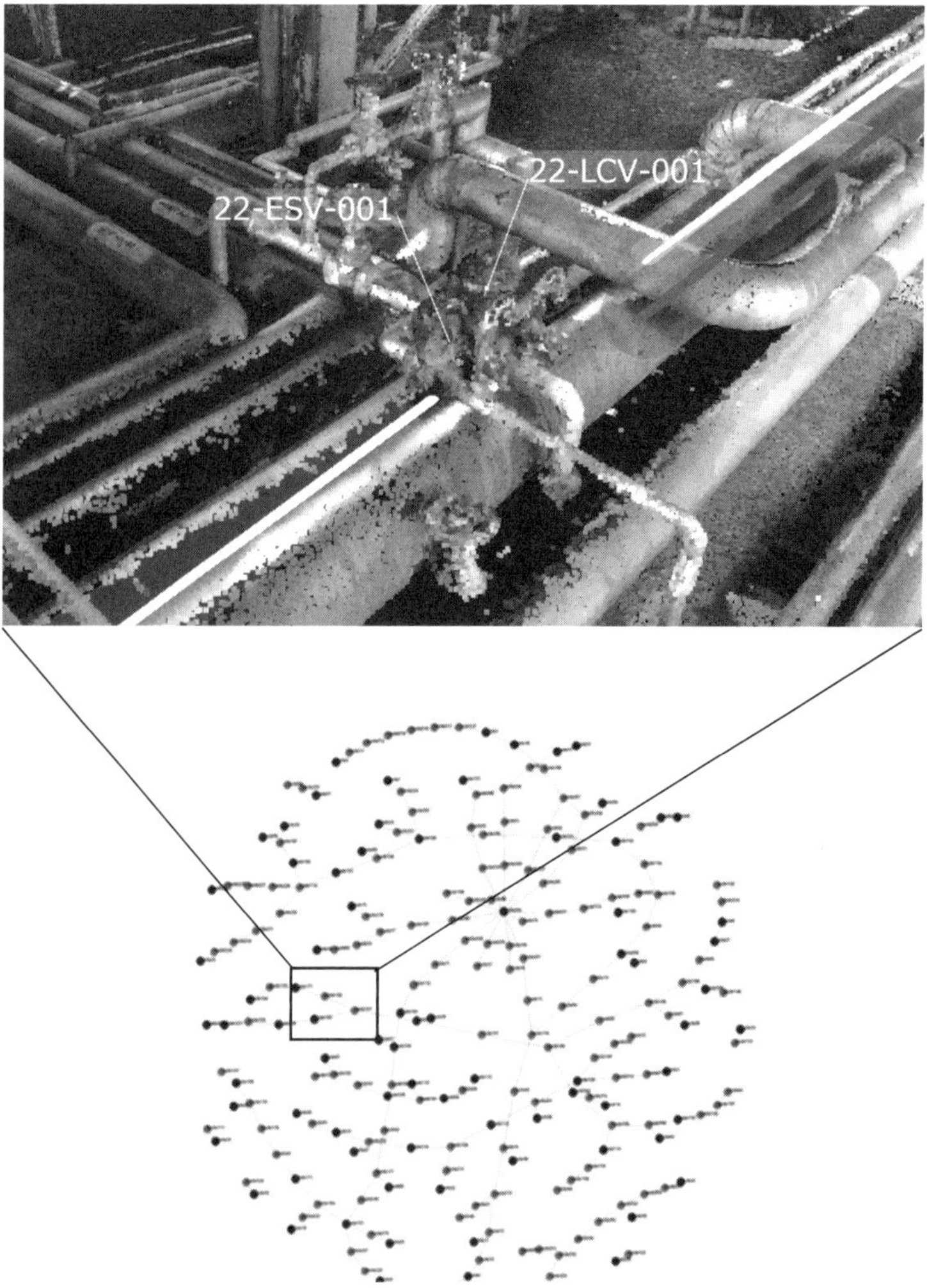

プラントのプロセスフローや制御システム、資機材などの情報を機械が読めるグラフを作成すれば、恒久的に構造物が再建可能となる。

コマンド１つで人間向けにＰ＆ＩＤを展開したり、リスクシナリオを自ら生成してリスクアセスメントを実施したりするようになる。また、ネットワーク構造の中に空間の座標情報が加わると、実寸が出せるようになり、建設図面や材料集計表の出力も可能となる。この考え方は、これから新設されるプラントのエンジニアリング遂行でしか適用されないと考えがちだが、実は既設プラントのリバースエンジニアリングと非常に相性がよい。既設プラントを３Ｄスキャンしたファストデジタルツインに含まれる点群データや写真データを活用して物体検出を行い、物体の物理的な前後関係を認識させることによって、ネットワーク構造の根幹を作り出すことができるのだ。例えばこれにプラントの内部流体情報や制御システム、資機材のネットワークなどを関連付けた「スーパーマスターグラフ」を構築すれば、目的に応じてエンジニアリングに必要な情報を常に最新の状態、かつ整合性が保たれた状態で切り出すことができる。

石油化学工業の重厚長大なプラント全体をこういったスーパーマスターグラフで表現し、匿名性を保持しておけば、事業所内に留まらず、業界内、世界中のプラントを横並びにして分析する新しい市場が拓けるだろう。そして、たとえ擦り切れた古の技術であっても叡智が蓄積されたスーパーマスターグラフを活かしてさらに進化したプラント再生の礎となるに違いない。これはプラントに限らず、文化遺産や歴史的建造物に対しても同様で、スーパーマスターグラフを有するデジタルツインで保管しておけば、現物がたとえ朽ち果て、物理的に消滅したとしても、いつでも再建できる情報を抱えた状態で仮想空間上に恒久的に存在し続け、後世に伝えることができるのである。

第6章

設備保全のデジタルツインからものづくりを変えていく

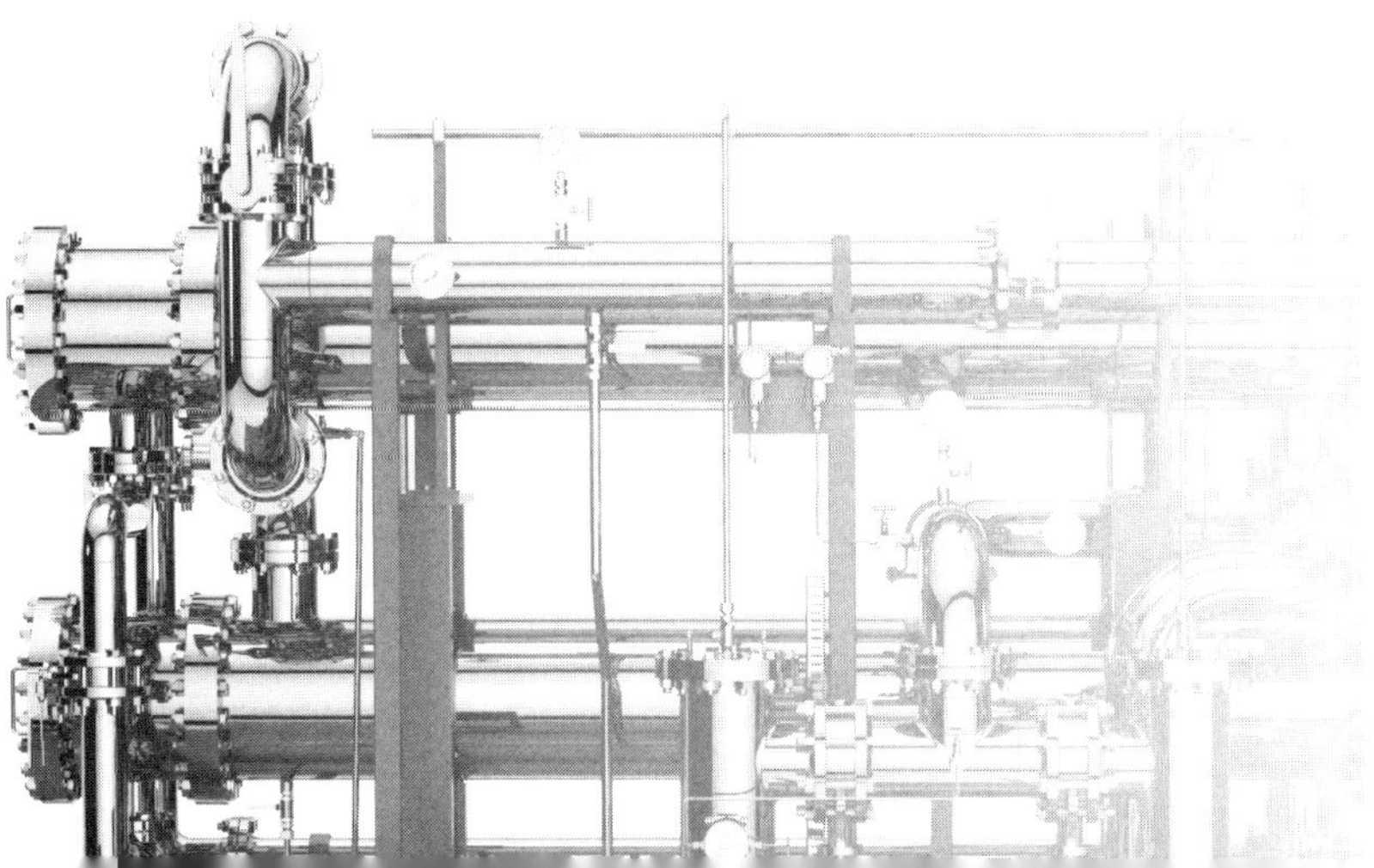

石油化学工業におけるDXの起点として期待が高まるデジタルツイン。プラントを操業していく上で切り離せない設備保全の観点から、ここまでその利便性やメリット、活用事例などについて述べてきたが、ものづくりの変革にも寄与するかもしれないと気付く読者もいるのではないだろうか。本章では、定期修理や法令検査といったメンテナンスにおける活用だけでなく、デジタルツインの成長と進化によって、ものづくりそのものを変革していく呼び水としての可能性について述べていくことにする。

ヒト・モノ・コト。すべてを三次元でつなげる〝ハブ〟としての役割を担うデジタルツイン

ここまで幾度と述べてきた通り、デジタルツインは現実世界にある設備をスキャンして目に見えているものを仮想化する技術だ。何度も現場へ足を運ばずにプラントの全体像を把握できるだけでなく、サイズの計測はもちろん足場や重機類などの設置イメージも事前にシミュレーションできるなど、世界中どこからでもリモートで定期修理や検査の計画を立てることができるメリットがある。

さらに一歩踏み込んだDXの起点としてデジタルツインを育てるには、実在する「モノ」

だけでなく、「ヒト」の配置や流れ、「コト」の事実や予測などをデータ化し、それらを蓄積していくことだ。「ヒト」でいえば現場作業員が習慣にしている行動様式や頻度、「コト」でいえば現場や経営層、設計者などが持っているナレッジや成功体験、事故事例、申送り事項などをデジタルツインと紐付ければ、デジタルツインが持つ空間情報の価値が大きく変わり、新たな気付きとアイディアが得られるだろう。さらに、そういった価値のある情報を蓄積したデジタルツインを部署の垣根を越え、事業所内で共有できる環境を構築していくことは、従来の事例共有のやり方よりも、過去の失敗を繰り返すリスクが低減でき、より質の高い保安対策を講じることにつながる。やがて、事業所内だけでなく、企業の垣根も超えて産業全体でこういった情報を匿名で共有し、データの民主化が実現する世界となるのが理想である。

未だ空間情報と紐付けられていないヒト・コト・モノといった資産がデジタルツインに包含されるとほとんどの比重をモノに置いていたものづくりに対し、ヒトとコトが関わってくるため、ものづくりに新しい発想が必然的に生まれやすくなる。設備保全から導入するデジタルツインが、ものづくりの転換を促すきっかけとなるのである。

プラント操業の英知・ヒト・モノをバーチャルで管理し、産業全体を最適化する

多角的なデータの蓄積によって、デジタルツインが現実空間を再現したりシミュレーションを行ったりするツールから、ものづくりを変革するためのツールへと進化する過程を具体的に見てみよう。

例えば、プラント保守において現場作業員の点検ルートの動線、行動様式が仮想空間上でデータ化されると、施工現場で建機の協調運転制御システムで掘削作業の最適化を行っているように、若手作業員がベテラン作業員の行動様式を模倣したり、複数の作業員で総力戦を展開したりする際の段取りの最適化にも役立ちそうだ。これに事故や故障事例が紐付くと要因分析の幅が拡がり、より効率的な点検計画の立案が期待できる。また、作業員の動線だけでなく、スペアパーツがどこにあるか？どこからどういうルートで運ばれてくるか？という位置情報がオープンになることでも、調達や資材管理の考え方が大きく変わり得る。これまで事業所単位で管理されている予備部品といった資材をバーチャルウェアハウスのような仮想の倉庫に集約し、事業所を越えて融通し合える仕組みができると、必ずしも自所内にモノを抱え込む必要がなくなるので、業界全体で見たときにヘルシーな資

材管理体制となることが想像できるであろう。業界でリソースを共通化する考え方は、バーチャルワーカー、バーチャル重機、バーチャル足場といったことにも応用できそうだ。

実は、ユーザーの行動履歴や装置構成要素の故障事例、スペアパーツの交換頻度は、装置メーカーや材料メーカーにとっては製品開発に活かしたい、対価を払っても取得したい情報であったりする。それは、インターネットで我々の行動履歴からパーソナライズされた広告が上がって購買が促進される仕組みだったり、フリマアプリの提供会社が自社の二次流通データをＥＣストアやメーカーに解放し、一次流通データと連携させて商品開発や販売促進に活かしたりする取り組みに似ている。プラント操業に関わるヒト、コトのデータ化は設備保全を産業全体で最適化するばかりでなく、これまでコストセンターでしかなかった設備管理やメンテナンスからコト売りするような新たな市場が生まれる可能性を示唆している。長年操業で培われた英知は、競争力の源泉となるコアだけを残し、そうでないものは全体最適化のために民主化していくべきなのである。

時代はＤＸからＧＸへ

高度経済成長期から日本の産業を支え続けた石油化学工業だが、持続可能な社会の実現が求められる現代において、生産効率やコスト削減だけでなく環境に与える影響についても議論される必要があるのはいうまでもない。プラント建設からものづくりの過程でどれだけCO_2をはじめとする温室効果ガスを排出してきたかなど、環境負荷に関する情報開示が当たり前になる時代となるだろう。逆にいえば、これらを開示できない企業や生産者は淘汰される予備軍リストに加えられることになる。

石油化学工業であれば、ガソリンや灯油、軽油といった生活に密着する化石燃料を生成する過程でどれだけのCO_2を排出し、どれだけ環境に負荷を与えているかの指標を算出する動きだ。SO_xやNO_xなど明らかに人体に対して有害な物質に関しては排出基準が明確化されているため、その基準に従って安全にプラントは運用されている。しかし、環境に対して大きな負荷を与えるCO_2やメタンガスといった温室効果ガスに関しては、そもそも大気に排出される際にもれなく計測することが難しく、排出量や環境に対する影響評価方法が確立されていないのが現状だ。

ものづくりにおける環境負荷を表す１つの評価手法としてＬＣＡ（Life Cycle Assessment）が存在している。資源の採取から生産、流通、消費、廃棄、リサイクルといった具合にモノの生産からリサイクルを行う過程で環境負荷を定量的に評価する手法だ。しかし、石油化学工業におけるＬＣＡの評価手法はまだ標準化されていない。現時点では、学術的な観点や企業の集合体によってさまざまな議論が行われており、それぞれの評価手法で研究が進められている。将来的には、これらが標準化され、消費者は同じ土俵で環境負荷の度合いを比較できるようになっていくだろう。また、投資家は、財務情報だけでなく環境への配慮や社会貢献などに積極的な企業に対する投資を行うＥＳＧ投資が世界的なトレンドとなっている周知の事実も加えておく。

デジタルツインはこのＧＸ（Green Transformation）においても高い親和性がある。精緻なデジタルツインにはＬＣＡ算定に必要な入力情報が包含されているため、ＬＣＡ評価ツールといった拡張機能で自動的に評定される仕組みがイメージできるだろう。ＬＣＡの標準化と結果が公開必須となれば、各プラントが横並びに可視化され、相対的に環境負荷の高い設備が優先的に淘汰の対象となり、装置の新陳代謝が進む。淘汰の対象となったプラントは、単に閉鎖するのではなく、土地や装置の再利用検討にもデジタルツインを活用する。プラントの終活においてもデジタルツインで環境負荷を抑制する検討が可能となるのである。

第7章

仮想空間と共にある世界に備えよ

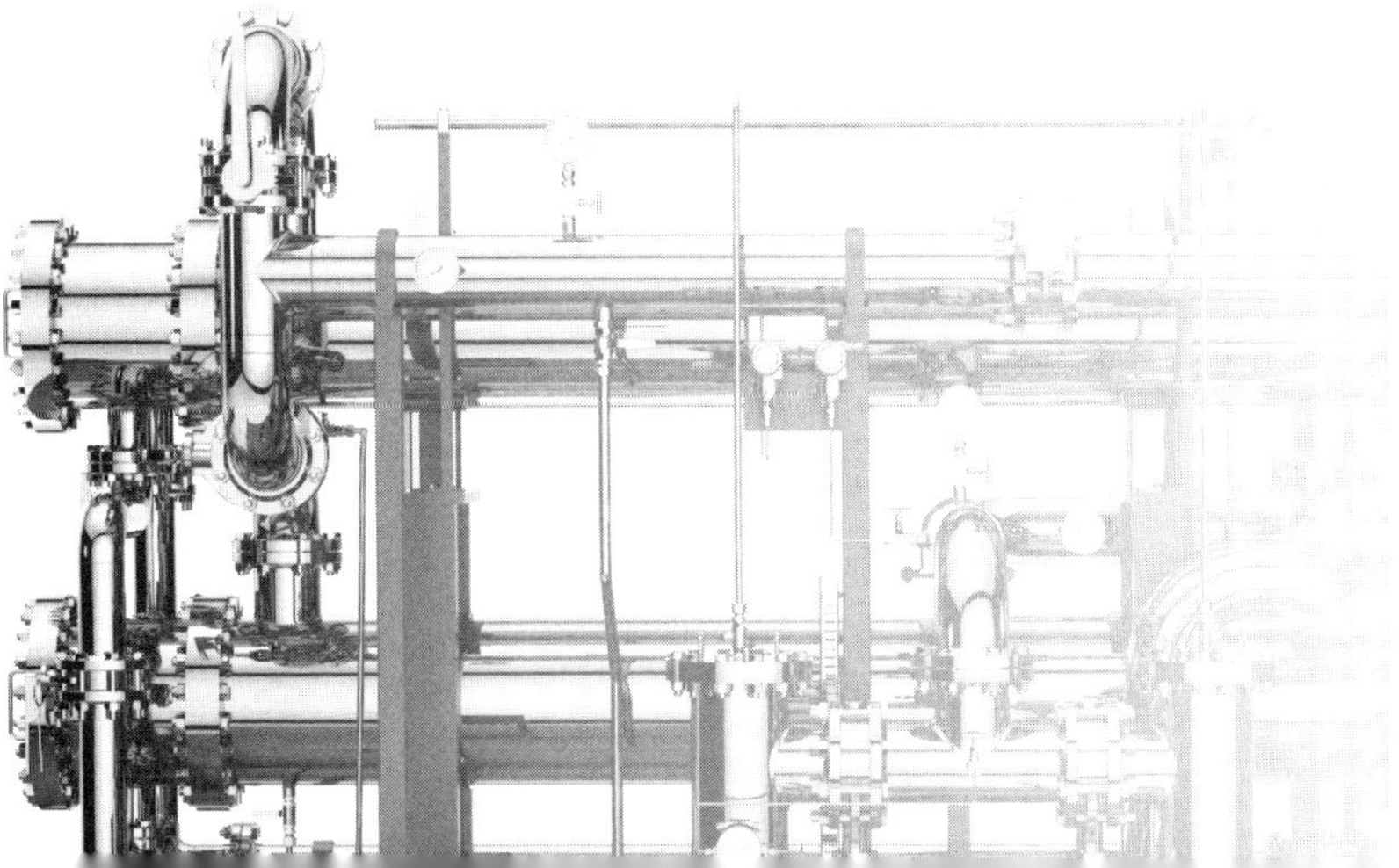

あらゆることがインターネットを介して実現できるようになってきた世の中で、生成AIの登場は、SF映画で観た映像が現実となる日がそう遠くはないことを我々に予感させる。米国・MARVELの映画「アイアンマン」に登場する人工知能ジャービスのように、主人公トニー・スタークと会話をしながら仮想空間上でシミュレーションし、パワードスーツを作り出していくフィクションが、ファンタジーなのか超高度なデジタルツインなのかの見分けがつかなくなる段階にきている。これは高度経済成長期以来の時代の大きな潮目であり、間違いなく仮想空間に構成されるデジタルツインが新しい潮流を作り出す役割を担うはずだ。来たるべき潮目に大きな釣果を上げられるよう、いまから備えるのである。

デジタルツインが当たり前となる時代へ

3Dモデル、3D CAD、3Dシミュレーションといった、コンピューター上で三次元的に物事や事象を処理することはゲームの世界を含めさまざまな場面で目にすることはあっても、高度な処理技術を要し、恩恵に預かっているのは一部の人であろう。とはいえ、完全に市民権を得て日常生活の必須アイテムとなったGoogleマップの3DモードやGoogle Earthを見ていると、都心部を中心に立体表現の領域が徐々に拡大している上に精緻化が進んでおり、「ここまできたか」と目を見張るものがある。3Dモードで立体的に見える製油所もあり、このまま管理機器のタグ検索ができたらどんなに便利かと妄想してしまう。

2005年にウェブブラウザ上で動作する形で提供されたGoogleマップは、当時はまだ地図上の情報が乏しく、仔細は地図帳やガイドブックに頼っていた。それがいまやスマホを片手に見知らぬ土地でもあらゆる情報をデジタルマップから取得できるようになり、カーナビシステムまでも凌駕するようになった。目的地をいえば、交通手段にせよ、道路状況にせよ、「今」の状況を加味した上で、複数の経路を提案してくれ、かなり正確に所要時間も教えてくれる。それだけでなく、不特定多数の利用者の体験情報をもとにお店を吟味し、レストランやホテル予約に至る動線までカバーされている。ここまで日常生活に浸透し、デジタルマップが思考や行動の一部になるようなツールになると、Googleマップのリリース当初に予想していただろうか。

現状でもすでに手放せない存在となりながら進化は継続している。商業施設や駅などはフロア階層で表現されるようになり、主要な構造物が3D化されていることに気付く。ゆくゆくは、誰がどのフロアにいる、といったこともわかるようになるだろうし、高速道路を走行している際に高架下の一般道路と間違ってナビゲーションされるといったようなこともなくなるだろう。構造物の３Ｄ化が進むのはレーザースキャナーの汎用化とＧＰＵの性能向上によるもので、主にハードウェアの劇的な技術革新により、周囲構造物がどんどんデジタル化されているのだ。時間的にもコスト的にも超えられないハードルではなくなってきていることが３Ｄ化に拍車をかけている。ＳＮＳの視点から見ても、デジタル写真からのInstagram、ショート動画からのTikTokとくれば、次は３Ｄからのデジタルツインサービスが登場する、と考えても違和感はないだろう。

ブラウンリバースでは、地球上のデジタルマップにあらゆる情報が紐付いたGoogleマップの進化になぞらえて、デジタルツインで変革する産業界を５つのステージに分類した。指標を次元の整合性ＤＩ(Dimensional

プラント設備保全のDXを実現する５段階

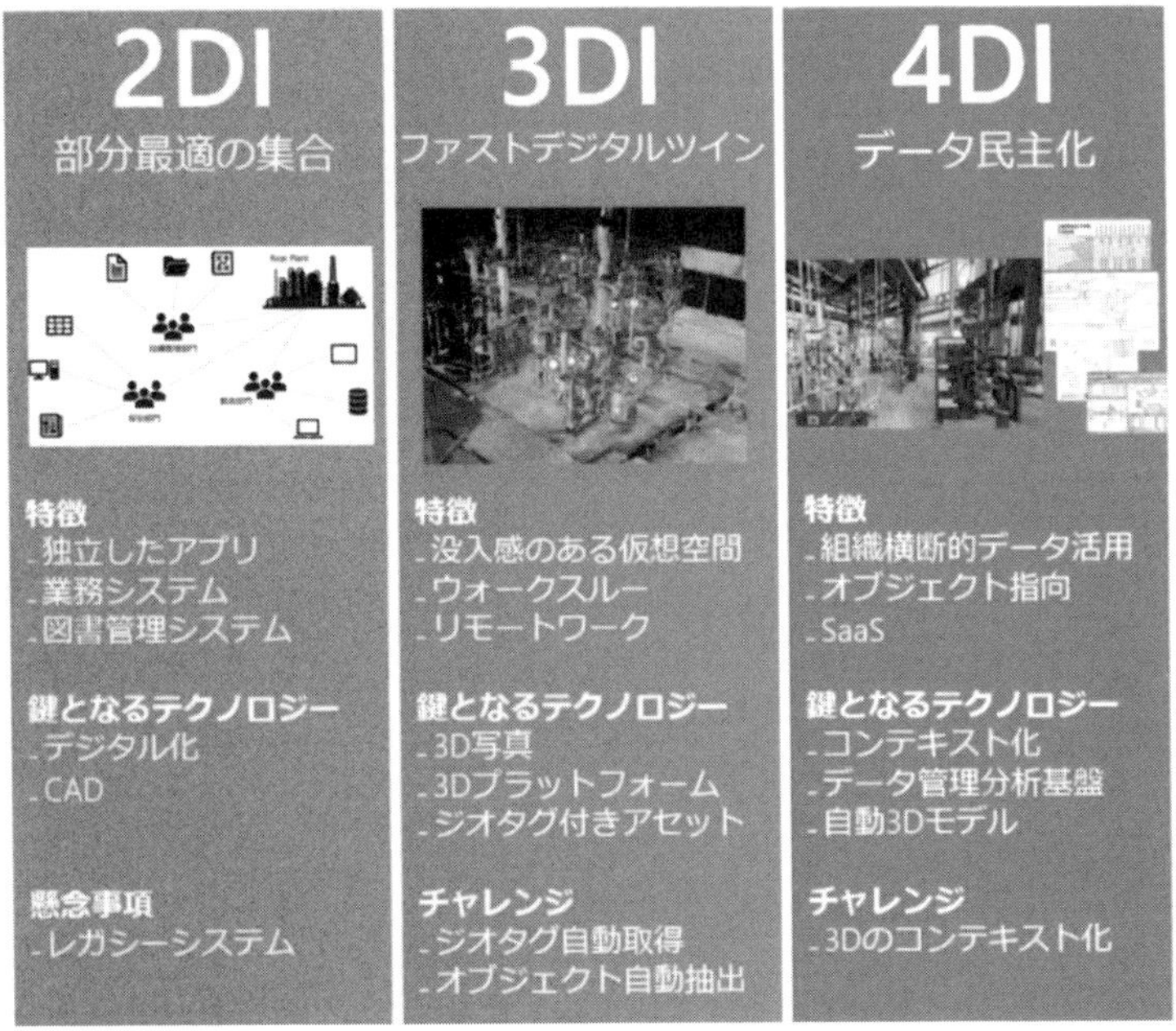

プラント設備保全のＤＸ実現に向け、次元の整合性５段階のＤＩ（Dimensional Integrity）で表現。現段階では３ＤＩが業界に認知されてきたところで、進化は始まったばかりだ。

Integrity）で表すと、現時点の石油化学工業の設備保全は、紙で管理していた資料をデジタル化し、ＣＡＤによる設計を行い現場施工に図面で出力する、といった基本的な業務フローを維持したまま部分最適化された2ＤＩステージといえるだろう。

　そして、部分最適化された世界から全体最適化に向けてスタートを切るのが3Ｄマップ、ファストデジタルツインである。没入感のある仮想空間をウォークスルーで歩き回ることができ、現場に赴かないとわからない状況から脱却した設備保全を実現する。これが、3DIの世界観であり、DXの起点となるファストデジタルツインによってもたらされる最初の変化である。ファストデジタルツインは、石油化学工業はもちろん日本の産業全体から「これがなければ仕事にならない」と現場にいわせる日常業務の必携ツールとなっていく。Googleマップが日常生活の必携ツールとなったように、価値ある変化＝進化とはときとしていつの間にか当たり前になっていて、自覚していないことが往々にしてある、いまがそんな段階だ。

現実とシンクロするデジタルツインは無限の可能性を秘めている

3DIにおける没入感のある空間は、あくまで現実に存在する構造物を仮想化し、関心のあるモノにタグを付与して人を時間と地理的制約から解放していくものとなる。では、ファストデジタルツインの次はどう進化していくのだろうか。

再びGoogleマップの進化になぞらえると、マップ上にある店舗やランドマーク、観光スポットの利用者が体験情報を共有する、ドライバーが道路状況のライブ情報を発信するといった情報の民主化が実現したことに着目しよう。デジタルツインに置き換えれば、事業所や企業の垣根を超え、組織横断的にデータを共有して活用する4ＤＩのステージに移行することがイメージできるだろう。当然、機密保持が担保された上でのデータ活用であることが、４ＤＩへ移行する前提条件となる。

Googleマップが Googleカー（Googleストリートビューの撮影車）によって日々アップデートされているように、現実空間の変化と共にデジタルツインの形状が自動更新される、現実空間とリアルタイムでシンクロするときがやがて訪れるだろう。３Ｄスキャンデバイスの進化により、現場作業員が身に付けるカメラやセンサー、定期巡回するロボットやドローンを介して現実空間の変化を常時捉え、仮想空間上の３Ｄモデルがアップデートされる世界、５ＤＩステージの到来である。デジタルツイン構築と運用をゴールに掲げた誰もが実現したいと思っている世界だ。５ＤＩとなって初めて運転計画を含めた操業のシミュレーションが実現する。ＡＩの本領が発揮されるのもこのステージになってからであろう。

複数のデジタルツインが現実世界とシンクロしてくると、いよいよ業界全体最適化に向けた循環型経済「エコシステム」の実現、６ＤＩステージに到達する。第6章で言及したバーチャルワーカー、バーチャル重機、バーチャル足場などの出現により新たな市場経済が生まれ、デジタルツインの市場価値が無限に広がっていく、ビジネスの可能性に溢れる世界だ。

産業の発展やDX推進のキラーコンテンツとして注目を集めるデジタルツインは、〝早く手軽に〟という発想から誕生したファストデジタルツインによって、産業エコシステムの実現性を高めたといえよう。ブラウンリバースが設立した2022年をファストデジタルツイン元年とすると、エコシステムへの到達は2030年になると大胆に予測している。「人間が想像できることは、人間が必ず実現できる」フランスのSF作家ジュール・ヴェルヌの名言を念頭に、産業のデジタルジャーニーは現実味を帯びてスタートを切った。

第8章

特別対談
プロセス安全管理（PSM）を仮想空間で考える

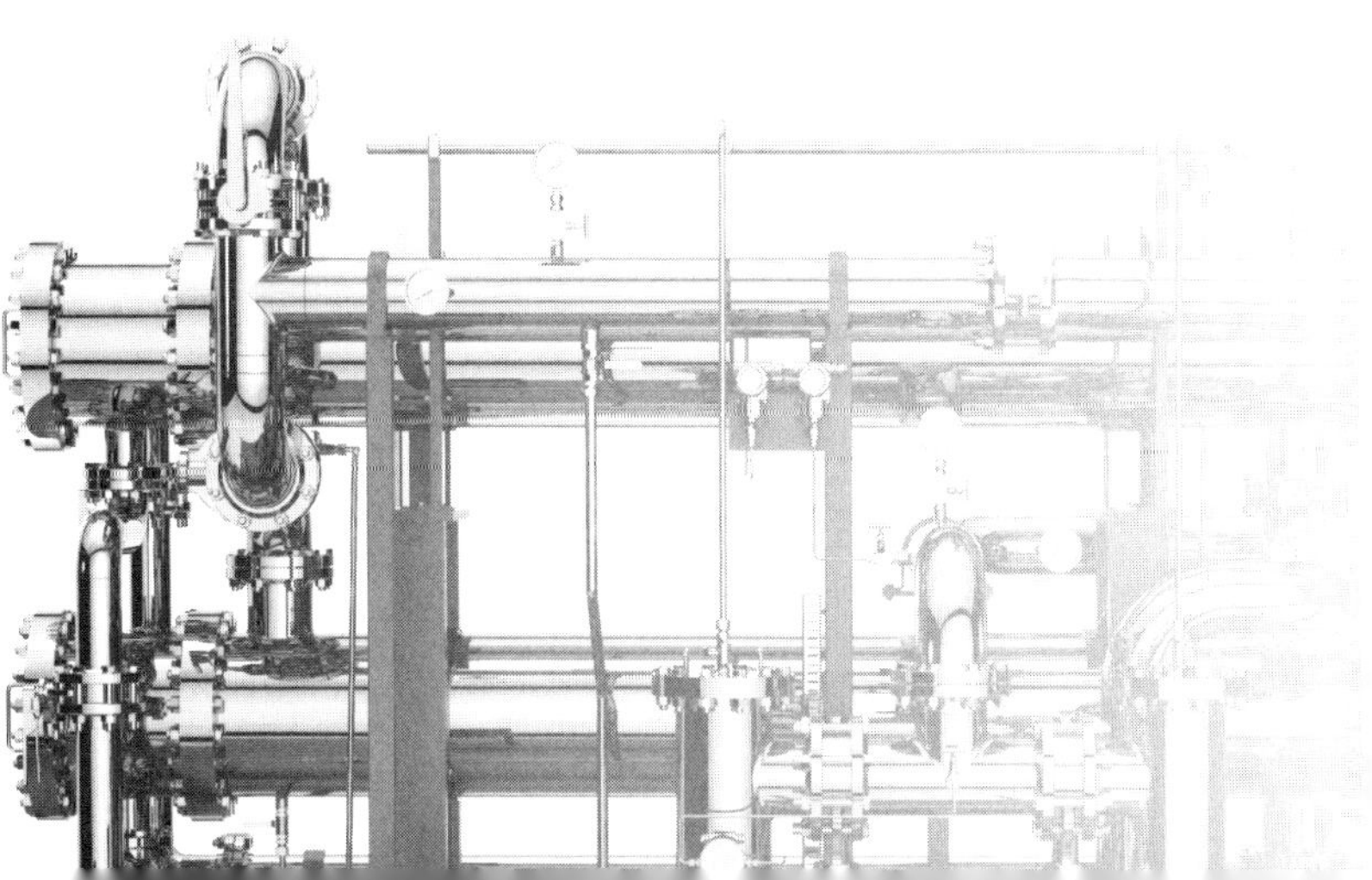

本章では、プラント保全にファストデジタルツインを提唱するブラウンリバース株式会社の代表取締役CEOの金丸剛久氏とプロセス安全マネジメントの導入支援を促進するストラトジックPSM研究会代表の田邊雅幸博士（横浜国立大学IMS客員准教授、英国化学工学会登録プロフェッショナルプロセスセーフティエンジニア）によるプロセス安全管理のこれからについての対談を掲載。

いまなお旧態依然な仕事観が根強く残るプラント業界に今後求められるリスクアセスメントに対する認識、そしてプラント保全に風穴を開けたファストデジタルツインが担う安全管理への役割、今後の展望について語られた。

金丸 剛久（ブラウンリバース株式会社代表取締役CEO）
田邊 雅幸（ストラトジックPSM研究会代表、横浜国立大学IMS准教授）

金丸 剛久（以下、金丸）

本日の対談、よろしくお願いします。早速ですが、まず現在既設プラントにおいて行われているリスクアセスメントの状況についてお聞かせいただけますか。国内でも既にHAZOP（Hazard and Operability Studies）が広く取り入れられていますが、その結果からわかる注意すべき場所、装置、状況や、デジタルツインとの親和性なども絡めてお聞かせください。

田邊 雅幸（以下、田邊）

プロセスプラントの安全面に関する観点でいえば、どこも等しく危険性を含んでいるでしょう。ただ日本の場合、安全管理の必要とされる度合いが法規で決まってくるところがあるため、厳しい安全要求が求められる高圧ガス保安法にかかる装置については多くの人が危険性が高いと認識していますが、その一方で高圧ガス保安法にかからない装置についてはそこまで安全管理を重点的に行っていないというような切り分けが存在するケースも見受けられます。ただ実際には圧力が低い箇所で反応暴走の可能性など危険性が高いところもありますね。ＨＡＺＯＰも法規要求が厳しい装置を先に実施して、その他設備には未実施であるケースなども多く、リスクアセスメントによってプラント全体のリスクプロファイルを把握するというところまでいっていないではないでしょうか。

なので、ＤＸやＶＲといった技術を使って安全管理を行っていくためには、まずしっかりとプラント設備全体のリスクプロファイルを把握することが先決です。適用法規の違いによらず全体のリスクを把握するという技術的な難しさだけでなく、プラント設備の操業組織には多くの部署や協力企業が携わっているため、リスクアセスメントの実施者やリスクに基づき設備運転や保守管理をすべき担当者たちがバラバラであるという組織的な難しさもあります。そのため関係する部署や協力企業などとの組織内外関係者を横串でつなげて安全管理を行っていくことが重要だと考えています。ここまで準備ができてやっとDXやVRといった技術が使えるようになります。例えば、プラントのデジタル3Dモデル上の装置ごとにリスクの高いところは赤く色付けして視覚的で直感的に危険性が把握できるなど。これからのプラント業界においては、法規の有無にかかわらずリスクの高いところを現場やマネージャー、協力企業を問わずに皆が共通認識として捉え、重点的に管理できるようになることが求められているのかなと考えます。

金丸：組織横断的に設備全体のリスクプロファイルを把握するというアウトプットは見せていきたいですが、それに至るまでに必要なインプット作業がかなり大変だというイメージがありますね。既設プラントにおいてリスクアセスメントを始めようとしたとき、まずどこに着目し、始めたらよいのでしょうか？

田邊：じつは、日本の事業者って本当に皆さん努力されていて、ＨＡＺＯＰを通して危険源がどこかを見つけることや、どこのリスクが高いかなどの評価をされています。

しかし、古い設備になればなるほど、危険が具現化するかの判定材料となる設備設計データがなかなか見つからないケースがあります。ＨＡＺＯＰやリスクアセスメントというのは、基準となる情報があって初めてリアリティのある事故シナリオが議論できるものなので設備情報を紙ベースで管理することの難しさを感じます。その一方で、これからプラントを操業する場合はデジタルツインを活用することで、こういった設備情報データと紐づけして一括管理したり、リスクアセスメントで得られた危険源などの情報と該当装置を紐づけしたりして管理者に展開できるといった強みがありますね。

繰り返しにはなりますが、いま抱えているリスクプロファイルを正しく把握することに対しての一番のネックは昔の情報がなくなっていること。ただし、まだ残っているものやよく探せば出てくるものもあるので、できるだけそういう情報を集めて、使いやすい形に整理する。それこそデジタルツインを見ながら、特定箇所に関する情報を紐づけて引っ張ることができると、リ

高圧ガス保安法についてデジタル庁 e-Gov 高圧ガス保安法
https://elaws.e-gov.go.jp/document?lawid=326AC0000000204

スクアセスメントもやりやすくなり、課題解決につながるのではないでしょうか。

金丸：アセスした後の結果を表示させるだけじゃなく、アセスする際の基礎情報にも使えるということですね。

田邊：そうですね。HAZOPやリスクアセスメントをした際、よい解析結果につながるかというのは、元からよいデータを持っているかどうかにかかっていますね。

金丸：よいデータとはどういうものなのでしょう？

田邊：詳細かつ正しいデータですね。例えば「ここに危険がありそうだ」と思った場合、それが本当に危険かどうかを判定するには、設備の正確な情報がないとわからないですよね。その情報を探してくるのが非常に大変で、すぐに出てこないこともあります。そうなると想像で補った要素が含まれてしまうため、それが過大評価なのか過少評価なのか判断にブレが生じてしまいます。リスクプロファイル上は、本当はあまりリスクが高くないのに「リスクが高い」、反対にリスクがとても高いところなのに「リスクは低い」

とバイアスに影響された判断をしているかもしれません。

なので、まずは正しい情報をどこかに集約し、分かりやすい形でデジタル情報として保存しておく。それだけで、HAZOPをやるときにぱっと見に行けたら、だいぶ誤った判断は減ってくるはずです。よい判断をするためにはよい情報が必要で、まずその情報管理に関する仕組みをしっかりと整備する。DX時代だからこそできるビッグデータをうまく管理して活用する。草の根活動のようですけど、データを使いやすい形で提示するためのデジタル化・取り組みがスタートにおける大きなポイントで、最終的には個々のリスク重大度ごとのカラーコーディングを組み合わせながら、表示していきたいですね。

金丸：いま、田邊さんが関わっているお客様の中で、実際にそういった草の根活動的な取り組みを始めている方はいらっしゃるのでしょうか？

田邊：プロセス情報といいますか、安全性はもちろんそれ以外の情報以外も大事だということで、収集されたり検討されたりしているお客様はいらっしゃいます。

HAZOPについて
HAZOP & プラント安全促進会
http://hazop.jp/index.html

金丸：具体的にはどういう部署の方なのでしょうか？

田邊：私のお客様の場合は、皆さんがタスクフォース型でご検討されていたりするので、どこというのは難しいのですが、安全環境、保全関係の人やプロセス技術の方たちですかね。

金丸：プラントに関わる人が、さまざまな視点から検討されているということですね。

田邊：そうですね。リスクアセスには本当にいろいろな情報が必要になってくるので、部署・部門を横断した取り組みが求められてきます。しかし、それぞれの部署が持っている必要な情報は、ローカルフォルダに保存されていたり紙に出力された状態で棚に入っていたりするため、他の部署の方が探そうとすると、見つけるのは難しいですね。そうなると使用頻度が落ちてしまい、活用とは程遠い状態になります。なので、本当に必要なデータ、前述したよいデータというものはデジタル化して1か所に集約されている。という状態が正しくもあり理想的な形だと感じています。

また、プロセス安全に関してよく参照されているアメリカのプロセスセーフティマネ

右：金丸 剛久（ブラウンリバース株式会社代表取締役 ＣＥＯ）
左：田邊 雅幸（ストラトジックPSM研究会代表、横浜国立大学ＩＭＳ准教授）

ジメント（ＰＳＭ）という概念があります。その中には、プロセスナレッジマネジメントというのが必要とされています。それは、リスクアセスメントをするためには、そもそもの技術の部分をしっかりと管理しなきゃいけない。そして、誰でもアクセスして共有できること。さらに、最新版を管理する履歴管理も大事で、誰かが誤って改変してしまわないようにしておくことなどのセキュリティ要件もあります。我々がデジタルシステムを構築するときに気をつけるポイントはちゃんと考えなきゃいけないと、ガイドラインで述べられているということになります。

　プロセス安全管理をやっていくという中でデジタルツールを使いつつ、情報をしっかり整理していく。みんなが必要な情報にアクセスして共有できることがポイントになってくるかなと考えています。

金丸：安全管理の世界で、データの民主化みたいなことはいわれていますか？

田邊：民主化という文脈ではあんまりいわれていませんが、意図していることは一緒だと思います。

金丸：直接リスクアセスメントに関与せずとも、災害マップのように「どこが水没しやすいか」みたいなことが視覚的に見えることは、リスクアセスメントするときにも必要だっていうのが非常によくわかりました。なぜ、いままでできていなかったのかというのは、縦割り構造が原因ですかね。

田邊：デジタルツールがなかったころは、大量の書類を管理することが大変でした。だから、必然的に自部署が使う大切な資料に集中して管理せざるを得なかった。どうしても、そこに物量的な限界があったはずです。もちろん、誰が悪いってことではなくて。いまはデジタルツールで大量の情報を効率的に扱えるようになったので、理想的なハンドリングができるようになってきているのかなと感じます。

金丸：理想的なハンドリングというのは、ただ紙がデジタル化されただけとも違いますよね。手でめくった方が見やすいですし。ＰＤＦだと検索は楽かもしれないけど。まだあるべき姿じゃないのですね。

田邊：そうですよね。例えば、日揮で採用している「ナンバリングシステム」はＶＲに紐付ける工夫ができるので、そのナンバリングシステムを知らなくてもクリックできる。「いま自分が見たい機器はこれ」、「その中のこのバルブはなんだ」ってクリックするとその情報がバンって出てくるみたいな。そういうふうにすると、初めてプラントに入構した人でも、その欲しい情報を間違いなく取りに行けたりしますね。

それから検索も同様ですね。紙ベースの図書からやっていくと大変なので、タグナンバーでアクセスすれば、関連するものがすべて即座に出てくるとか。そういった、文章の中まですべてデータとして認識されているようなシステムができると皆さんのお仕事が楽になるはずですよね。

金丸：そのもっと先に見据えるのは、事故のシナリオもシステム側で作ってくれるような世界ですかね。

田邊：事故のシナリオに関しては、じつは以前からＡＩで何とかできないかと考えられています。ただし、ＡＩを活用するためにはテキストデータが重要ですよね。これには、ＨＡＺＯＰとかだと、データとしてはあまり意味をなさないワーディングが多分に含まれています。しかし、質のよいテキストデータにするためには、すべて洗い流して綺麗にしてあげるクレンジング作業の必要があります。それを実践すると、じつは不要な情報が約８割もあります。残りの２割程度しかない質のよいデータを洗い出すのが大変なのです。

我々が使用している「CoreSafety（コアセーフティ）」というソフトウェアでは「通常、これは必ず事故シナリオとしてあるよね」って逆のアプローチをとってきてくれます。ＨＡＺＯＰに落とし込もうとすると、多分60点から70点ぐらいの完成度で想定できる事故シナリオはカバーできて、ラインナップや運転の条件、設計圧が異なっているとかの細かいところを見て、残りの３〜４割を埋めていくイメージです。しかし、その残り３〜４割を埋めるために、ＨＡＺＯＰの膨大な過去データをスクリーニングしていくのは非常に効率が悪いことです。なので、どちらかというと、その6割の典型的なシナリオを整備してあげて、「この機器には、こういう事例があるよね」っていうのをわかりやすくイメージしやすくする。そうすればあとは60点、70点からスタートすればよいので、自ずと残りの30点、40点を効果的にキャッチアップできる。CoreSafetyでは、そういった展開を行っています。

もう1つよい点は、デジタルツインとのマッチングに優れている点ですね。機器をタイプごとに紐付けて、「こんな事故シナリオがあります」、「この機器だったらこの事故シナリオがあるよ」とあらかじめ提示してくれるのでリスクアセスの観点でも大いに役立ってくれるでしょう。

HAZOPでも、もちろん機器そのものを評価はしますが、どちらかというとプロセス運転の変動を起点に整理していきますよね。圧力がすごく上がってしまったとか、流れがなくなったとか、そういうポイントですべての事故シナリオを抽出しているデータ形式だから見にくい。「流れなし」っていわれても、操業管理する人にとってはほとんど意味をなしません。しかし、ヘッダーとしてはそれが最初に来ちゃって非常に使いにくい。機器タイプに紐付けてデータストラクチャーを入れ替えるだけで使い勝手が変

CoreSafety
https://sales.coresafety.biz/

わってくるので、デジタルツインやＶＲに紐付けできるとよいだろうと感じます。

金丸：事故シナリオ名で紐付けができるということですか。

田邊：例えば蒸留塔の場合。熱交側で何かあってリフラックス系統がダメになったとき、何が起こるかって、オーバープレッシャーですよね。リボイラーが焚き上げすぎれば出るし、焚き上げがなくなれば下流側で問題が発生するとか。もちろん圧力や物質が違えば、最終的な結末は少しずつ異なりますが、骨格となる「何が起こりますか」っていうのはほとんど同じです。そこからスタートすること自体は悪くない。もちろん、ＨＡＺＯＰを否定するということでもありません。しかし、機器ごとにそういうのはあるよっていう認識からスタートすることで、データ整理がしやすい。そういうメリットが得られるのは間違いないですね。

金丸：これまでのお話を聞くと、なぜいままでそういうアプローチをしなかったのかと思うのですが、これからの新しい取り組みと捉えられますかね。

田邊：そうですね。ＨＡＺＯＰにはＨＡＺＯＰの目的があって、60点、70点じゃ完璧じゃないので、１００点を目指してシステマチックに網羅していくのが目的になっていますね。もちろん、１００点のやつをそのまま展開していくのが理想ですが、前述の通りＨＡＺＯＰってデータとして使うにはあまり使いやすいものではありません。そこからＡＩで展開してあげるのが一番早いと思われがちですが、ＡＩの教師データとして使うにはそのデータの質がちょっと悪いのが現状です。なので、データを付加するなどエッセンスをライブラリー化し、デジタルツインとかに移行していくほうがいまはまだ早いのではないかと考えていますね。

金丸：質のよいデータをライブラリー化したところが、CoreSafetyの強みですか。

田邊：それは１つの強みで、ノウハウですね。我々の会社が海外のプロジェクトや国内のプロジェクトで多数、ＨＡＺＯＰやリスクアセスメントを行っており、その結果として、だいたい同じだという目線を持てるようになったというところがあります。

金丸：デジタルツインとの親和性があるということもよくわかりました。

田邊：プラント業界にいる人たちなら、よりよい安全管理のためにも誰もがどの装置でどの程度の事故が発生する可能性があるかという事故シナリオについて知りたいと思っているでしょう。そういう意味で、必然的につながってくるのではないでしょうか。また、デジタルツインなどの仮想空間でよりいろんなところにアクセスして管理をするっていう世界になってくると「どこの機器で何がある」といったリスクアセス結果を見える化することの重要度も高まってくるのかなという気がします。

金丸：なるほど。やるべきことが見えてきました。ありがとうございます。最後に、これからのプラント産業で、ＡＩ活用をどのように見ているかをお聞かせください。

田邊：ＡＩも賢くなっているし画像認識も組み合わされているので、近い将来、ＨＡＺＯＰの半自動化ぐらいまではできるようになる可能性がありますね。そのときにも考えているのが、CoreSafetyで作っているライブラリーを参照データとしてＡＩに読ませ、ノイズがいっぱい入っているデータじゃなくて、エッセンスだけにしたものを読ませた上で学習させるとよいと考えています。画像認識ときれいに整理されたデータはＡＩにとってもおいしいはずなので、僕たちはいまから次の世代に向けて準備しておく。そうするとＡＩが賢くなればなるほどよいデータも活きてくる。近い将来、ＡＩがＨＡＺＯＰを６、７割か８割ぐらい正確なものを作れるようになると思います。

金丸：そのきれいなデータを用意して学習させる流れはすごく理解できます。事故シナリオを話題の生成ＡＩで作らせるっていう世界もありますかね？

田邉：故障する箇所って基本的には決まっているので、その辺に関しては生成ＡＩに頼らなくてもいいかなと感じます。ただ、ＨＡＺＯＰって基本的にプロセスの変動ばかりを追っているので、実際には腐食して漏洩しちゃうとか、実際のレイアウトによって起こりやすいところが変わってくるじゃないですか。そこに関しては、生成ＡＩでどこが起こるかを作らせるっていうのはあるかもしれないですよね。もちろん、それも「こういう形状のこういうプロセス流体組成のところだったら起こりやすい」って整理されています。整理されている中でも、予想外のことが起こるじゃないですか。外面腐食まで入れるといろいろありますよね。もしかすると、そういうのを生成ＡＩで作って、その中で確率的に処理していくと当たらずとも遠からずの予知ができる、みたいな世界はあるかもしれないですね。

金丸：ワクワクする世界ですね。

以上をプロセス安全管理におけるデジタルツイン活用のメリットでまとめますと、

- 設備全体のリスクプロファイルを組織横断的に整理、把握、即座にアクセスできるので、正しいリスクアセスメントを迅速に実施できる
- リスクの重大度を空間上にプロットすることで、バイアスを最小限に関係者間で視覚的直感的に危険度の共通認識を持てる
- CoreSafetyのライブラリを併用すれば、シナリオ自動想定や半自動HAZOPといった高度な応用も期待できる

と理解しました。

本日はありがとうございました。

田邊：ありがとうございました。

※編集部注：本対談は、2023年の10月に行われた内容を元に掲載しています。

おわりに

かつて伊能忠敬は、約17年もの年月を費やして日本全国を測量し、それまでにない正確な日本地図「大日本沿海輿地全図（伊能図）」を完成させた。江戸時代当時、日本に出回っていた日本地図は各藩が作った地図の寄せ集めで、実測によって作られた正確な日本地図ではなかった。伊能図が一般に広まったのは、完成から数十年後の明治時代に入ってからだが、普及に時間がかかったのは複製技術や印刷技術が限られていたためで、日本地図作成の原型となったことには変わりなく、伊能図が明治時代以降の市場経済に及ぼした影響は計り知れない。

ファストデジタルツインがDXを後押しする話をする際、著者はこの伊能忠敬の偉業をしばしば引き合いに出している。伊能図ができる前にも各地にそれらしい地図は存在しており、正確性を欠いた地図でも生活する上では当時は事足りていたのだろう。そこへ正確性を兼ね備えた全体図が広く認識されるようになって、測量方法が標準化され、隣地の様子が手に取るようにわかるようになり、文化や産物の見聞が広がった。これはまさに分断された組織の中で部分最適化で頭打ちとなった状態に、全体最適化するための新たな「ものさし」を投入して変革を促した好例であり、誰もが恩恵を預かった遺伝子レベルの成功体験に他ならない。おもしろいのは、伊能忠敬自身は、日本を変えたいと思って日本全国を実測したわけではなく、当時話題となっていた「地球の大きさ」を測りたい、という純粋な探求心に行動を発している点だ。しかも55歳から途方もない作業を始めたということも、50を過ぎて世界中のプラントのデジタルツイン化に着手し始めた著者を勇気づけてくれる。

日本が開国してほどなく、日本の地図を作ろうとしたイギリス海軍が、伊能図の精巧さに驚き伊能図を元に日本近海の海図を改訂したといわれる逸話もまた我々の世界進出の背中を押す。２０２２年ブラウンリバース設立から国内を中心にスタートしたデジタルツイン事業は、海外の既設プラント事業者向けにもファストデジタルツインサービスの営業を展開している。そこで気付いたのは、海外では依然としてエンジニアリング志向が色濃く、精緻な３Ｄモデルを基に設計情報と運転情報が連携した理想的なデジタルツインをトップダウンで遂行または決行する傾向が強い、ということだ。おそらく設備の経年変化が日本ほど進んでおらず、労働力が潤沢にあることが、即効性よりも機能性を重視させるのだろう。時間と資金と体力があってゴールのデジタルツインに一足飛び、ということなのかもしれない。

しかし、技術や機能先行でデジタルツインを使う現場を第一義に考えないDXは着地しないと著者は考えている。どんなに優秀な機能でも使われなければ意味がないというシンプルな話だが、機能を導入することよりも継続して使うことの方が重要かつ難しいということを知っている。そのことを我々が身をもって体現することで、地に足を付けたファストデジタルツインを日本発で海外にも実装していこうと目論む。

本書を通じて、過去と現在、そして未来の産業の変革を見つめ直し、挑戦と進化の精神を胸に新たな可能性へと踏み出す勇気とワクワク感を感じてもらえることを願う。伊能忠敬は、その時代において地図という形で世界を捉え、よどみない純真無垢な欲求が新たな扉を開き、結果的に時代の先駆者となった。我々もまた、デジタルトランスフォーメーション（DX）の波に乗り、デジタルツインという形で世界を捉え、産業の3Dデジタルマップで変革をもたらす使命を担っているということに共感していただけたら幸いである。そして本書をきっかけに志を同じくする者が集えたら日本の製造業の未来は明るい。

日揮グループ ブラウンリバース株式会社代表取締役 CEO
金丸 剛久

索引

コスモエネルギーホールディングス株式会社
https://www.cosmo-energy.co.jp

危険物保安技術協会（KHK）
https://www.khk-syoubou.or.jp

総務省　令和４年中の危険物に係る事故の概要
https://www.soumu.go.jp/main_content/000882617.pdf

高圧ガス保安法について
デジタル庁 e-Gov 高圧ガス保安法
https://elaws.e-gov.go.jp/document?lawid=326AC0000000204

HAZOP について
HAZOP & プラント安全促進会
http://hazop.jp/index.html

CoreSafety
https://sales.coresafety.biz

参考文献

総務省統計局
統計が語る平成のあゆみ
https://www.stat.go.jp/data/topics/topi1191.html

厚生労働省
足下の雇用情勢と労働力人口等の推移
https://www.mhlw.go.jp/content/11601000/001102035.pdf

総務省統計局　人口推計の結果の概要
https://www.stat.go.jp/data/jinsui/2022np/index.html

NVIDIA と BMW、現実世界と仮想世界が融合
された未来の工場を実演 | NVIDIA
https://blogs.nvidia.co.jp/2021/05/10/nvidia-bmw-factory-future

ブラウンリバース株式会社
INTEGNANCE VR の配管 NAVI 機能イメージ動画
https://youtu.be/UVTCghf-cP4

AGC 株式会社
https://www.agc.com

■著者プロフィール

●金丸 剛久

ブラウンリバース株式会社代表取締役 CEO

1971年埼玉県岩槻市生まれ。1997年東京工業大学院環境物理工学修了後、日揮（株）に入社。原油処理施設からLNGプラントにわたるプロセス設計に20余年、海外エンジニアリング会社とのJV中心にEPCプロジェクトのプロセスリードを歴任。大規模更新プロジェクト参画をきっかけに重厚長大な設備の維持管理の難しさを目の当たりにし、O&Mスマート化事業開発に着手。統合型スマート保全プログラム「INTEGNANCE（インテグナンス）」構想を実現すべく、2022年ブラウンリバース（株）を立ち上げ、代表取締役に就任。伊能忠敬が55歳で17年かけて日本地図を作った偉業に年齢的な親近感を勝手に抱き、自分は5年で世界中のプラントの3Dマップを作ると語る。忖度のない「ちゃぶ台返し」を好み、ブラウンフィールドのリバースエンジニアリングに由来する社名には、そんな裏の意味も込めている。

ブラウンリバース株式会社
https://www.brownreverse.com/

INTEGNANCE VR
https://www.integnance-vr.brownreverse.com/

●田邊 雅幸

ストラトジック PSM 研究会代表
横浜国立大学 IMS 准教授

1973年千葉県八千代市生まれ。1998年横浜国立大学博士課程前期を修了後、大手エンジニアリング会社に25年間勤務し国内外の化学プラント、原子力関連設備の設備設計プロジェクトのプロセス安全マネージャーを経験、また2017年から国内事業者向けのプロセスセーフティマネジメント導入コンサルティングを実施している。勤務の傍ら2011年に横浜国立大学にて博士課程後期を修了、2013年から講師としてプロセス安全に関する講義を担当、2016年から横浜国立大学 IAS 客員准教授（現 IMS 客員准教授）。2019年から英国化学工学会のプロフェッショナルプロセスセーフティエンジニアとして登録。2019年英国化学工学協会グローバルアワードプロセス安全部門のファイナリストに選出される。2020年からリスクベースアプローチによるプロセス安全マネジメントシステムの社会実装に関する産官学研究会の代表を務める（ストラトジック PSM 研究会）。

ストラトジック PSM 研究会
https://www.strategic-psm.com/

■お問い合わせについて

本書に関するご質問は、FAX、書面、下記の Web サイトの質問用フォームでお願いいたします。電話での直接のお問い合わせにはお答えできません。あらかじめご了承ください。

ご質問の際には、書籍名と質問される該当ページ、返信先を明記してください。e-mail をお使いになられる方は、メールアドレスの併記をお願いいたします。ご質問の際に記載いただいた個人情報は質問の返答以外の目的には使用いたしません。

お送りいただいたご質問には、できる限り迅速にお答えするよう努力しておりますが、お時間をいただくこともございます。なお、ご質問は本書に記載されている内容に関するもののみとさせていただきます。

■問い合わせ先

〒162-0846
東京都新宿区市谷左内町 21-13
株式会社技術評論社 デジタル事業部
『製造業の 3D 革命 ～ファストデジタルツインで加速する DX 最前線
石油・化学メーカー編』係
FAX：03-3513-6161
Web：https://gihyo.jp/book/2024/978-4-297-13905-6

製造業《せいぞうぎょう》の 3D《すりーでぃー》 革命《かくめい》

～ファストデジタルツインで加速《かそく》する DX《でぃーえっくす》 最前線《さいぜんせん》 石油《せきゆ》・化学《かがく》メーカー編《へん》

2024 年 1 月 26 日　初版　第 1 刷発行

著　者　金丸剛久《かなまるたけひさ》、田邊雅幸《たなべまさゆき》
監　修　株式会社技術評論社《かぶしきがいしゃぎじゅつひょうろんしゃ》デジタル事業部《じぎょうぶ》
発行者　片岡巌
発行所　株式会社技術評論社
東京都新宿区市谷左内町 21-13
電話 03-3513-6150（販売促進部）03-3513-6180（デジタル事業部）

印刷・製本 昭和情報プロセス株式会社

カバーデザイン　有限会社アヴァンデザイン研究所
本文デザイン、制作　株式会社ホリデイ、古作 光徳、アイハブ
編　集　酒井 啓悟

ISBN978-4-297-13905-6 C3060
Printed in Japan